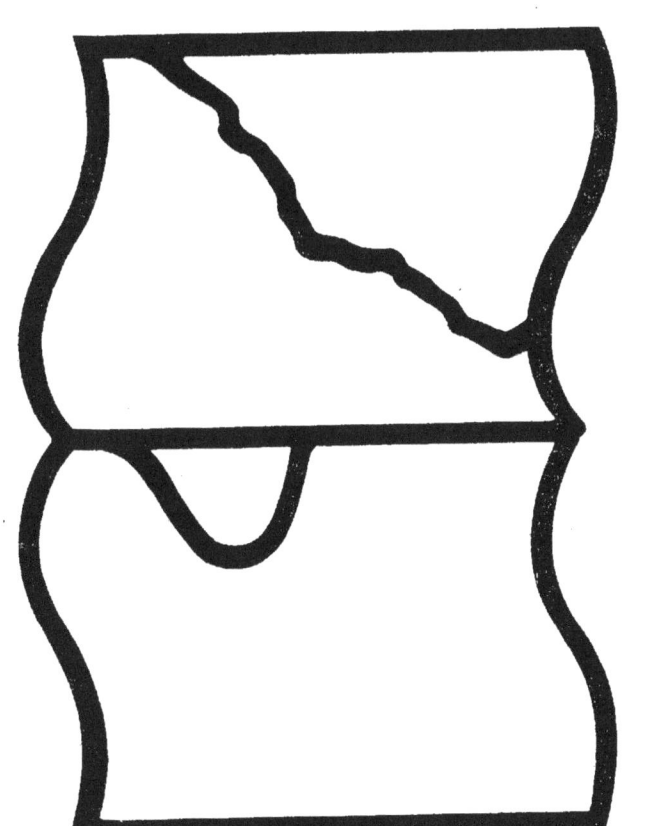

Texte détérioré — reliure défectueuse

NF Z 43-120-11

BERNARD DAUBERIVE

Lourdes

ET SES

ENVIRONS

GUIDE DU PÈLERIN
ET DU TOURISTE

ILLUSTRATIONS ET PLANS
Par G. DUBOUCHET

N.-D. DE BÉTHARRAM
PAU, TARBES, LUZ
ARGELÈS, CAUTERETS
GAVARNIE, BARÈGES
BAGNÈRES-DE-BIGORRE
ETC.

POITIERS
G. BONAMY, ÉDITEUR
15, RUE DES CORDELIERS, 15

Tous droits réservés

GUIDE
DU PÈLERIN ET DU TOURISTE

LOURDES
ET SES ENVIRONS

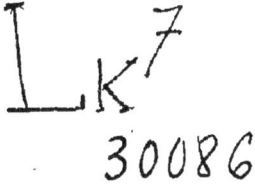

NOTE DE L'AUTEUR

L'ateuur de ce travail serait profondément reconnaissant aux Pèlerins et Touristes de vouloir bien lui signaler les erreurs qu'ils pourraient y relever.

Il se fera un devoir de les faire disparaître dans la prochaine édition.

Bernard DAUBERIVE

GUIDE
DU PÈLERIN ET DU TOURISTE

LOURDES
ET SES ENVIRONS
ILLUSTRATIONS ET PLANS

PAR G. DUBOUCHET

POITIERS
G. BONAMY, LIBRAIRE-ÉDITEUR
15, RUE DES CORDELIERS, 15

Tous droits réservés

LOURDES
ET SES ENVIRONS

GUIDE DU PÈLERIN ET DU TOURISTE

LES APPARITIONS

« L'an de grâce 1858, dans la Grotte de Lourdes, dite de Massabieille, au creux du rocher où l'on voit la statue, la Sainte Vierge apparut à Bernadette Soubirous dix-huit fois :

Jeudi	11	Février	Samedi	27	Février
Dimanche	14	—	Dimanche	28	—
Jeudi	18	—	Lundi	1	Mars
Vendredi	19	—	Mardi	2	—
Samedi	20	—	Mercredi	3	—
Dimanche	21	—	Jeudi	4	—
Mardi	23	—	Jeudi	25	—
Mercredi	24	—	Mardi	7	Avril
Jeudi	25	—	Vendredi	16	Juillet

La Sainte Vierge dit à l'enfant :

Voulez-vous me faire la grâce de venir ici pendant quinze jours ? Je ne veux pas vous rendre heureuse dans ce monde, mais dans l'autre. — Je désire qu'il vienne ici beaucoup de monde.

Vous prierez pour les pécheurs. — Vous baiserez la terre pour les pécheurs. — Pénitence! Pénitence! Pénitence! — Allez dire aux prêtres qu'il doit se bâtir ici une chapelle. — Je veux qu'on vienne ici en procession. — Allez boire à la fontaine et vous y laver. — Vous mangerez l'herbe qui est à côté.

JE SUIS L'IMMACULÉE CONCEPTION.

(Annales de la Grotte.)

RENSEIGNEMENTS GÉNÉRAUX

SOMMAIRE. — Deux Lourdes. — Réductions accordées par les Compagnies. — Validité des billets. — Voitures. — Tarif général des voitures et colis. — Voituriers. — Adresses. — Hôtels. — Chambres. — Postes et télégraphes. — Boîtes en ville. — Bureaux de tabac. — Cafés. — Bains chauds. — Médecins. — Pharmaciens. — Service religieux. — Offices. — Chapelet. — Confessions. — Solennités. — Bénédictions et Indulgences. — Missionnaires de Garaison. — Bureau des constatations. — Messes. — Dons. — Commandes d'eau de la Grotte. — Objets trouvés. — Renseignements. — Abonnements aux publications de la Grotte. — Hospice. — Panorama. — Diorama.

La conséquence des Apparitions fut de créer à côté de l'ancien Lourdes, le quartier de la Grotte, ville aux palais magnifiques, aux hôtels somptueux, dominée par la basilique élevée à la gloire de la Mère de Dieu. D'où deux Lourdes que les flots mugissants du Gave séparent : le vieux, qui s'étend à l'est du château, sur la rive droite du torrent ; le nouveau, à l'ouest, sur la rive gauche.

CHEMINS DE FER. — Lourdes est desservi par le

réseau du Midi, ligne de Toulouse à Bayonne, et situé à 858 k. de Paris, à 153 k. de Bayonne, à 177 k. de Toulouse, à 272 k. de Bordeaux, à 600 k. de Marseille.

Des billets d'aller et retour sont délivrés au départ de toutes les gares des réseaux de l'Est (Paris-Est et Est-Ceinture exceptés), de l'État, du Nord (Paris-Nord et Nord-Ceinture exceptés), d'Orléans, de l'Ouest (Paris-Saint-Lazare, Paris-Montparnasse et Ouest-Ceinture exceptés), de Paris-Lyon-Méditerranée et des gares de la Compagnie du Midi situées à plus de 150 k. de Lourdes.

PRIX DES BILLETS D'ALLER ET RETOUR. — Les prix et la durée de validité des billets d'aller et retour sont fixés comme suit, d'après les distances des gares de départ à Lourdes :

AU DÉPART des GARES DISTANTES de LOURDES :	RÉDUCTION sur les prix des billets simples afférents aux parcours effectués à l'aller et au retour d'après l'itinéraire choisi par le voyageur.			DURÉE de validité des billets non comprise le jour de départ
	1re classe	2e classe	3e classe	
1º De 151 à 200 kil.	25 %	20 %	20 %	4 jours.
2º De 201 à 300 kil.	30 %	25 %	20 %	5 jours.
	Sans que le prix puisse être inférieur à celui d'un parcours de 200 kilomètres.			
3º De 301 à 400 kil.	35 %	30 %	25 %	6 jours.
	Sans que le prix puisse être inférieur à celui d'un parcours de 300 kilomètres.			
4º De 401 à 700 kil.	40 %	35 %	30 %	7 jours.
5º De 701 à 900 kil.				8 jours.
6º De 901 à 1,000 kil.	Sans que le prix puisse être inférieur à celui d'un parcours de 400 kilomètres.			10 jours.

RENSEIGNEMENTS GÉNÉRAUX

Les frais de traversée de Paris ne sont pas compris dans le prix des billets, et restent à la charge du voyageur. Il en est de même dans les villes desservies par des gares distinctes entre lesquelles il n'existe pas de service de voyageurs par voie ferrée.

On délivre des billets à Paris, à la gare d'Orléans (quai d'Austerlitz) et aux bureaux-succursales de la Compagnie :

Rue de Londres, 8. — Rue Paul-Lelong, 7. — Rue Gaillon, 5. — Rue Saint-Martin, 326. — Quai Valmy, 33. — Rue du Bouloi, 21. — Place St-Sulpice, 6. —Place de la Madeleine, 7. — Rue Paradis, 21 bis. — Boul. Sébastopol, 34. — Rue des Archives, 63. —Rue du Faubourg Saint-Antoine, 21. — Agence Cook, 1, place de l'Opéra. — Duchemin, 20, rue de Grammont. — Gaze, 2, rue Scribe. — Lubin, 36, boulevard Haussmann. — Société des voyages économiques, 10, rue Auber, et 17, rue du Faubourg-Montmartre. — A la Compagnie Transatlantique. — Hôtel Terminus et dans toutes les gares et stations.

La demande de billets doit être faite quatre jours au moins avant le jour du départ.

Les billets sont personnels. La couverture de chaque billet doit porter le nom et le signature du titulaire, ou, s'il s'agit d'un billet collectif, de tous les titulaires, sauf les enfants. Elle porte, de plus, la date du départ.

Les voyageurs doivent présenter leurs billets à toute réquisition des agents des administrations. Ils sont tenus de donner leur signature chaque fois qu'elle leur est demandée.

Seront considérés comme nuls et sans valeur :

1º Les billets non utilisés dans le délai de validité fixé. Les titulaires ne pourront, de ce chef, réclamer aucune restitution, quelle que puisse être la cause de non-utilisation des billets.

2º Les billets en partie utilisés, mais dont le délai de validité sera dépassé. Dans ce dernier cas, le voyage ne pourra être continué qu'avec des billets ordinaires.

3º Les billets non frappés du timbre à date de la gare initiale de départ.

Les voyageurs munis de billets collectifs ne peuvent en faire usage que pour les trajets qu'ils effectuent ensemble par le même train et autant que possible dans le même compartiment.

Dans le cas où des personnes autres que les titulaires feraient ou tenteraient de faire usage des billets, ces billets seraient immédiatement retirés par les agents, et annulés de plein droit, sans aucun remboursement, même partiel aux titulaires, et sans préjudice des poursuites correctionnelles qui pourraient être provoquées contre les auteurs ou les complices de la fraude ou de la tentative de fraude.

Toutefois, les titulaires qui, après avoir perdu leur billet, auront fait toute diligence pour aviser les administrations de cette perte, pourront obtenir la restitution de leur billet trouvé par les agents dans des mains étrangères ; mais les administrations seront seules juges des cas dans lesquels cette restitution pourra être accordée. Les titulaires ne pourront réclamer aucune indemnité ni compensation, à raison de l'interruption dans la jouissance de leur billet.

Les billets seraient sans valeur si le voyageur descendait à l'aller ou prenait au retour le train à une autre station que Lourdes.

Les billets délivrés au départ d'une gare située à 400 k. au moins de Lourdes donnent droit au porteur à un arrêt en route à l'aller comme au retour.

Les enfants, âgés de moins de trois ans, ne paient rien à condition d'être portés sur les genoux.

Les voyageurs ont droit à l'aller et au retour au transport gratuit de dix kilogrammes de bagages par personne. La taxe de 0 fr. 10 est à payer pour chaque enregistrement.

Les voyageurs de passage à Lourdes peuvent sé-

RENSEIGNEMENTS GÉNÉRAUX

journer un jour dans cette ville en faisant cette demande au chef de gare.

VOITURES. — La ville compte environ cent cinquante entrepreneurs de voitures et trois cents véhicules.

Tarif général des voitures :

De la gare à la ville et vice versa et par place : 0 fr. 30.

De la ville à la Grotte et vice versa et par place : 0 fr. 30.

De la gare à la Grotte et vice versa et par place : 0 fr. 60.

De la gare aux Sœurs bleues et par place 1 fr.

Les transports à l'heure se paient, dans le rayon de l'octroi : calèches, l'heure : 2 fr. 00 ; landaus, l'heure : 3 fr. 00.

L'heure en dehors de l'octroi et dans un rayon de 12 k. : calèches, l'heure, 3 fr. 00 ; landaus, 4 fr. 00.

Tarif général des colis :

De la gare à la Grotte et vice versa, par colis : 0 fr. 25.
De la ville à la Grotte et vice versa, par colis : 0 fr. 15.
De la gare à la ville et vice versa, par colis : 0 fr. 15.

Les sacs de voyages, cartons à chapeaux ne sont pas considérés comme colis.

Voitures à la journée. — Pour une journée, une voiture à deux chevaux se paie 25 francs ; à quatre chevaux, 45 francs. Prix à débattre.

VOITURIERS, ADRESSES :
Abbadie, Vve, rue du Bourg.
Augé, Champ Commun.
Cazavant, rue de Bagnères.
Cazé, rue de Langelle.
Denis, rue des Granges.
Estrade, Champ Commun.
Harraca, rue St-Pierre.
Labayle-Pitou, rue de la Grotte.
Lacoste, rue de Langelle.
Lareng, Champ Commun.
Lartigue, Champ Commun.
Lavantes, avenue de la Gare.
Marguette, rue Basse.
Pédebas, rue de la Grotte.
Pène, rue de la Grotte.
Saint-Michel, rue de Langelle.
Salaza, rue de la Grotte.

HOTELS. — Buffet de la Gare, tenu par Claverie.
Hôtel de la Gare, tenu par Pays.
— de l'Avenue de la Grotte, tenu par Bouillot.
— du Nord, tenu par Mégeville.
— du Commerce, tenu par Moura.
— de Paris, tenu par R. Maumus.
— de la Paix, tenu par Abbadie.
— des Pyrénées, tenu par Lacrampe.
— de France, tenu par Vve Maumus.
Rue et avenue de la Grotte.

Hôtel de Rome, tenu par Harraca.
— Bellevue, tenu par Cardeillac.
— de la Grotte, tenu par Ferré.

Villas de la Solitude, Heins, propriétaire.

Grand Hôtel, tenu par Heins.

Hôtel Notre-Dame, tenu par Favène.
— Saint Michel, tenu par Vve Pédauga, Dabat.
— de la Chapelle, tenu par Soubirous.
— du Boulevard et Latapie, tenu par Meynier.
— d'Angleterre, tenu par Fourneau.
— du Palais-Royal, tenu par Ross.
— de la 1re Apparition, tenu par Bacaü Vve.

Boulevard de la Grotte.

Hôtel du Sacré-Cœur, tenu par Peyret.
— St-Joseph, tenu par Duffau.
— du Rosaire, tenu par Dufour.
— Belge et de la Ste Famille, tenu par Lemmens.
— des Ambassadeurs, tenu par Laventure.
— Richelieu, tenu par Brot.
— Continental, tenu par Pimorin.
— de l'Ermitage, tenu par Roubeaux.

Les prix changent selon l'importance de la maison choisie. Dans les hôtels de 1er ordre, le prix de la pension varie entre 12 et 16 fr. par jour. — Dans les hôtels de 2e ordre entre 6 et 10 francs. — Nous engageons les touristes à s'entendre avec les hôteliers dès leur arrivée.

Chambres. — On trouve des chambres à louer dans presque toutes les maisons. Les voyageurs y reçoivent l'hospitalité la plus écossaise. Le prix des logements varie entre 2 fr. et 3 fr.

POSTE ET TÉLÉGRAPHE. — Bureau : Chaussée Maransin, près de l'église paroissiale, ouvert de 7 h. du matin à 9 h. du soir, en été; de 8 h. du matin à 7 h. du soir, en hiver.

Boîtes en ville. — Basilique ; Hôtel du Boulevard ; ancien Tribunal, rue du Tribunal ; maison Lapeyre, rue de La Fitte ; maison Sajous, 2, rue des Granges ; maison Majesté, 47, rue de la Grotte ; Hôtel Notre-Dame, avenue de la Grotte ; Hôtel Belge et de la Sainte-Famille, boulevard de la Grotte.

BUREAUX DE TABACS. — Place de la Mairie ; place du Marcadal ; rue de la Grotte ; rue Basse ; boulevard de la Grotte ; rue Ste-Marie ; rue de la Fitte.

CAFÉS. — Café Français (cercle dont l'étranger peut faire partie moyennant 10 fr. pour trois mois, 20 fr. pour six mois, 35 fr. pour un an (succursale, avenue du Panorama, restaurant et café de la Chapelle), café de France ; — café de la Gare ; — café de l'Univers ; — café de la Paix.

BAINS CHAUDS. — Ferrugineux, près du pont de la Chaussée ; Barbet, bains de Senjouan, eau du Gave.

MÉDECINS. — MM. les docteurs Balencie, place du Porche. — Bordes, rue de la Grotte. — Latapie, place du Marcadal. — Peyret, rue de Langelle. — Vergez, rue de Bagnères.—Vignes, place du Champ-Commun.

PHARMACIENS. — MM. Barrère, place du Marcadal. — Larrouy, place du Porche. — Malespine, place du Marcadal.

SERVICE RELIGIEUX A LA GROTTE. — La semaine, tous les jours.

Hiver. — *Messes* à 5 h. 30, 6 h. 10, 6 h. 40, 7 h., 8 h., 9 h., 11 h. 10.

Été. — 5 h., 6 h. 10, 6 h. 40, 7 h., 8 h., 9 h., 11 h. 10.

Les dimanches et jours de fêtes :

Hiver et Été. — *Messes* à 5 h., 5 h. 30, 6 h. 10, 7 h., 8 h., 9 h., 11 h. 10.

Le dimanche, à la messe de 11 h., chants et sermon; à 2 h., vêpres, lecture des recommandations; Salut du Saint-Sacrement.

Sermon et Salut à 2 heures :

1° Tous les samedis, avec prières de la Félicitation ;

2° Les mercredis, le premier et le dernier jour de mars ;

3° Tous les jours de mai (mois de Marie) ;

4° Les vendredis, le premier et le dernier jour de juillet ;

5° Aux anniversaires des Apparitions.

Chapelet. — Le chapelet est récité à la Grotte :

En hiver, à 3 h. du soir ;

En été, à 8 h. du soir.

Confessions. — On entend les confessions en français, en allemand, en anglais, en espagnol, tous les jours à la Basilique et à la Crypte, de 5 h. du matin, à midi, et de 2 h. après midi à 7 h.

Grandes fêtes. — Les fêtes célébrées avec le plus de pompe à la Grotte, sont :

Le 11 février, Anniversaire de la première Apparition.

Le 25 mars, Annonciation.

Le 5 août, Adoration perpétuelle.

Le 15 août, Assomption.

Le premier dimanche d'octobre, fête du Saint Rosaire.

Le 8 décembre, fête de l'Immaculée Conception.

Bénédictions et indulgences. — Pour faire bénir et indulgencier les objets de religion, s'adresser à la sacristie.

RR. PP. Missionnaires de Garaison. Le service religieux de la Grotte est assuré par les RR. PP. Missionnaires de Garaison appelés aussi Pères de l'Immaculée Conception. Supérieur général de la communauté : R. P. Duboé. Supérieur des Rév. Pères attachés à la maison de Lourdes : Rév. Père Fournou.

Bureau des constatations. — Directeur : Dr Boissarie. Dès qu'un miracle se produit, le malade qui en est l'objet se rend au bureau des constatations où le médecin chargé de ce service reçoit sa déclaration et procède à une enquête.

Messes, dons, commandes d'eau de la Grotte, objets trouvés, renseignements, abonnements aux publications de la Grotte. — Bureau principal, à côté de la Basilique, ouvert tous les jours, de 8 h. à 11 h. du matin, et de 2 h. à 7 h. du soir.

Eau de la Grotte. — *Tarif.*

Voici les prix des envois d'eau faits par l'administration de la Grotte :

La bouteille d'eau prête et prise à la Grotte, **0 fr. 20**.

Les caisses d'une et de deux bouteilles s'expédient d'ordinaire en port payé.

La caisse d'une bouteille, prise à l'atelier des caisses, **0 fr. 50** ; *franco* à domicile, **1 fr. 70**.
La caisse de 2 bouteilles, prise à l'atelier des caisses, **0 fr. 75** ; *franco* à domicile, **2 fr. 30**.

Les caisses de 12, 20 et 30 bouteilles sont expédiées en port dû.

La caisse de 12 bouteilles, prise à l'atelier des caisses, **3 fr. 20** ; avec transport en gare et frais de bureau, **3 fr. 75**.
La caisse de 20 bouteilles, prise à l'atelier des caisses, **4 fr. 85** ; avec transport en gare et frais de bureau, **5 fr. 50**.
La caisse de 30 bouteilles, prise à l'atelier des caisses, **6 fr. 80** ; avec transport en gare et frais de bureau, **7 fr. 45**.
Toutes les caisses d'expédition sont livrables à la gare de Lourdes.
L'administration de la Grotte ne répond dans aucun cas ni des accidents de voyage, ni des dégâts occasionnés par la gelée.

Les Pères de la Grotte rédigent le *Journal de Lourdes* et les *Annales de Notre-Dame de Lourdes*

LE JOURNAL DE LOURDES est hebdomadaire. Prix de l'abonnement : Lourdes, 5 fr. — Départements limitrophes, 6 fr. — Non limitrophes, 7 fr. — Étranger, 8 fr.

LES ANNALES DE NOTRE-DAME DE LOURDES paraissent

tous les mois sous forme de brochure. Cette intéressante publication relate les faits importants qui se déroulent à Lourdes. Les Annales tirent à 14.000 exemplaires, le prix de l'abonnement est fixé à 3 fr.

HOSPICE. — L'hospice est au nord-est de la ville, près le Boulevard de la Grotte, on y compte 30 lits.

PANORAMA. — Le Panorama est situé avenue de la Grotte. Il se compose d'une magnifique toile conçue par Carrier Belleuse. On y voit Lourdes en 1858, le miracle du Cierge, Bourriette racontant sa guérison, la maison de Bernadette, etc... (Prix d'entrée, 1 fr.)

DIORAMA. — Le Diorama se trouve rue de la Grotte. Les toiles sont de M. Franz Vinck, peintre belge. La Grotte lors de la première Apparition et la mort de Bernadette au monastère de Saint-Gildars, sont deux tableaux d'un effet saisissant (Prix d'entrée : 0 fr. 50 c.).

CHAPITRE PREMIER

TOPOGRAPHIE

Sommaire. — Climat. — Altitude. — Montagnes. — Collines. — Cours d'eau. — Lac de Lourdes. — Vallées — Forêts. — Population. — Administration. — Enseignement. — Commerce. — Sol. — Animaux. — Arbres fruitiers. — Marchés.

CLIMAT. — Le climat de Lourdes est salubre, la température varie entre 2° et 30°. Altitude de la ville : 409 mètres.

MONTAGNES. — Les montagnes environnantes sont peu élevées. Ce sont :

— Le Gers, avec deux coupoles inégales, le Grand Gers (950 m.), le Petit Gers (640 m.).

— Le Bêout (792 m.).

— La montagne de Subercarrère.

— Le mont de Justice.

Les roches de Garnabie, des Spélugues, de Massabieille, des Espénettes.

COLLINES. — Au nord, les collines de Buala ; à l'ouest, les collines de Visens ; à l'est, les collines de Loucrup, d'Astugues, d'Arrodets.

COURS D'EAU. — Le Gave, formé des neiges du Marboré, recueille à Gèdre, le Gave d'Héas ; à Luz, le Bastan ; à Pierrefitte, le Gave de Cauterets ; à Villelongue, le Gave d'Isaby ; à Argelès, le Gave d'Azun ; à Lugagnan, le Nez. Il va se jeter dans l'Adour, près de Bayonne.

Deux ruisseaux, le Lapaca et la Merlasse, confondent leurs eaux avec celles du Gave, le premier près du fort, le second à hauteur de la Grotte de Massabieille.

LAC DE LOURDES (421 m. d'altitude). — Propriété privée. — A 3 k. de la ville, dans une dépression du sol, faisant face à la forêt de Subercarrère, se trouve le lac de Lourdes. Il a une largeur de 500 m., une circonférence de 4 k , une profondeur moyenne de 8 m.

VALLÉES. — La plaine de Lourdes a l'apparence d'un quadrilatère irrégulier, sept vallées y débouchent.

Au nord, celle de Tarbes ;

A l'ouest, celle de Pau ;

Entre les deux, la vallée de Pontacq ;

Au midi, celles de Batsurguère et de Castelloubon ;

A l'est, celles de Lézignan et d'Arcizac.

FORÊTS. — Les environs possèdent les forêts de Mourles, Subercarrère, Bartrès, Adé, Julos, Barlest, Lamarque, St-Pé.

ROUTES. — La route nationale de Paris à Barèges traverse Lourdes du nord au sud, celle de Pau se réunit à elle au nord de la ville, celle de Bagnères-de-Bigorre sur la place de la Mairie.

POPULATION. — La population, qui était en 1858 de

4.282 habitants, en 1890 de 6.976 habitants, s'élève aujourd'hui à plus de 9.000 habitants.

ADMINISTRATION. — Lourdes, chef-lieu de canton, est le siège du Tribunal civil de l'arrondissement d'Argelès.

ENSEIGNEMENT. — La ville a deux écoles communales et laïques, une pour les garçons, une pour les filles; une école congréganiste dirigée par les Frères, un pensionnat tenu par les Sœurs de Nevers.

Trois bibliothèques : de la Paroisse (1.800 vol.), à l'Église; de la ville (800 vol.), à la Mairie ; de l'École laïque.

Deux sociétés musicales, la Fanfare et l'Orphéon, donnent des auditions publiques, tantôt au Marcadal, tantôt place des Promenades.

INDUSTRIE, COMMERCE. — Lourdes possède quelques fabriques de chocolat. La maison Pailhasson, fondée en 1729, est une des plus anciennes de France. Les établissements de consommation, les marchands d'objets de piété sont nombreux.

SOL. — Le territoire est riche en marbres, schistes et ardoises. De nombreuses carrières sont en exploitation. Celle du Pont-Vieux donne un marbre gris, veiné de rouge, connu sous le nom de « lumachelle du Pont-Vieux ».

ANIMAUX. — On élève dans les fermes, vaches, bœufs, cochons, moutons, poules, pigeons, dindons, canards, oies.

On pêche, dans le Gave, truites et anguilles.

La contrée est giboyeuse. On chasse lièvres, lapins, perdrix, cailles, bécasses, grives, poules d'eau, oies et canards sauvages. On rencontre dans les forêts renards, loups, sangliers.

ABBRES FRUITIERS. — On cultive le poirier, le pommier, le prunier, le néflier, le noisetier.

MARCHÉS. — Les marchés sont au nombre de quatre : places du Porche et de la Mairie ; — place du Champ-Commun ; — place du Marcadal ; — place des Promenades.

FOIRES. — 28 avril. — 18 octobre. — 1er décembre.

CHAPITRE II

NOTICE HISTORIQUE

Sommaire. — Légendes. — Invasions. — Origines du mot Lourdes. — Lourdes aux Anglais. — Siège de Lourdes par le duc d'Anjou et du Guesclin. — Prise de la Citadelle (26 mars 1408). — Guerres de religion. — Lourdes et ses environs incendiés. — Paix de 1593. — La Citadelle, prison d'état.

Selon la légende, Lourdes s'élevait il y a des milliers d'années sur l'emplacement du lac actuel. La ville, ayant par de terribles désordres excité la colère du Seigneur, disparut sous les flots. Une femme, appartenant à une famille qui avait trouvé grâce auprès du Très-Haut, se retourna malgré la défense du ciel pour regarder l'immersion. Elle fut transformée en monolithe. C'est le roc de Peyre Crabère qui se trouve sur la route de Poueyferré, près de Biscaye.

La fondation de Lourdes est antérieure à l'ère chrétienne. D'après la tradition populaire, Tarbis, reine d'Ethiopie, éconduite par Moïse auquel elle avait offert sa main, aurait entrepris un voyage à travers l'Europe pour oublier ses déboires matrimoniaux. Arrivée aux Pyrénées, le site lui convint ; elle s'arrêta et fonda

Tarbes. Désirant conserver près d'elle sa sœur Lapurda, elle l'envoya construire une cité au pied des montagnes qui prit le nom de Lapurdum (Lourdes).

Lourdes eut successivement pour habitants les Ibères, les Sotiates, puis comme le reste de la Gaule se rendit aux Romains qui en restèrent maîtres jusqu'en l'an 400, époque des invasions. Les Barbares y demeurèrent un siècle, furent remplacés par les Wisigoths et ces derniers par les Infidèles qui se réfugièrent dans toutes les Pyrénées après la terrible défaite de Poitiers que leur infligea Charles-Martel en 732. Charlemagne les y attaqua sur divers points et s'empara de la ville.

Les chroniqueurs rapportent à ce sujet que Mirat, gouverneur du château, allait se rendre faute de vivres, lorsqu'un aigle apparut sur la plus haute tour de la forteresse, laissant choir un superbe poisson vivant. Le chef sarrasin le fit porter à l'Empereur des Franks, chargeant son messager de lui dire que son vivier était abondamment pourvu. Après une vive résistance, il se rendit, fut baptisé sous le nom de Louis, et par la clémence impériale conserva ses fonctions. Il changea le nom de son château de Mirambelle (Mirat) en celui de Lordes (1).

(1). — « D'après certains chroniqueurs, du nom de Mirat serait venu Mirambel, nom donné au château de Lourde, et du nom de Louis aurait été formé Lorus, Lorda, Lourde. D'après d'autres, le château aurait pris le nom de Mirambel (Mirat-bel-vue-belle) à cause de son admirable vue, de sa situation exceptionnelle pour voir au loin. Enfin beaucoup ont fait venir Lourdes de Lapurdum (Lapis arduus, pierre ardue, rochers escarpés). La ville, en effet, est bâtie sur une série de rochers. » Jean Barbet.— *Guide de Lourdes et de la Grotte*, p. 52. Desclée, de Brouwer et Cie, Éditeurs. Dépôt à Lourdes, chez l'auteur, 18, rue de Bagnères.

Les armes de la ville témoignent de cet événement : « Lourdes porte de gueules à trois tours, maçonnées de sable, sur roc d'argent; la tour du milieu plus haute que les deux autres et surmontée d'un aigle de sable, éployé, membré d'or, tenant au bec une truite d'argent. »

De 1208 à 1408, Lourdes appartint aux Anglais. Le château fut gouverné pendant ces deux siècles par des Capitaines choisis par les souverains d'Angleterre, qui pillèrent la plaine et poussèrent leurs ravages jusqu'à Albi et Toulouse. Parmi ces puissants chefs, l'histoire a conservé les noms d'Arnaud de Béarn, Ernaütou de Sainte-Colombe, Ernaütou de Rabastens, Le Bourg de Camizac.

En 1368, le duc d'Anjou et du Guesclin vinrent au nom de Charles V pour s'emparer du castel. Ils ne purent s'en rendre maîtres et incendièrent la ville. D'autres tentatives, en 1374, 1395, n'eurent pas plus de succès. La lutte recommença en 1406. L'armée royale, secondée par Jean de Foix et le chevalier de

Barbazan, mit le siège devant la citadelle qui se rendit le 26 mars 1408 après un an et demi de résistance. Arnaud de Lavedan fut nommé gouverneur au nom du roi de France.

En 1563, les Protestants, commandés par le baron d'Arros, tentèrent de prendre le château mais échouèrent. Le marquis de Villars, gentilhomme huguenot, renouvela l'attaque sans heureux résultat. C'est à lui que le valeureux d'Incamps, sommé de capituler, répondit : « Le roi de France, mon maître, m'a confié cette place pour la garder mais il ne m'a pas donné le pouvoir de la remettre à ses ennemis. » En 1567, Lourdes, Ibos, Bagnères, Vic, Maubourguet, Castelnau furent incendiés.

En 1593, après l'abjuration de Henri IV, les États de Bigorre proclamèrent la paix.

Au XVIIIe siècle, le château devint prison d'état. Le père Lacombe, le duc de Valentinois, de Catelan, membre du Parlement de Toulouse, y séjournèrent. La Révolution y enferma des nobles, des magistrats, et autres « criminels », coupables d'être « de glace pour la Révolution ».

Napoléon Ier y envoya lord Elgin, Charles d'Hosier, Rustillan, Ernest de Ginoux.

CHAPITRE III

L'ANCIENNE VILLE

SES MONUMENTS. — SES GLOIRES

Sommaire. — Lourdes avant 1858. — Le château. — L'église paroissiale. — L'église inachevée, tombeau de Mgr Peyramale. — Maison de Bernadette Soubirous. — Palais de justice. — Fontaines. — Urne monumentale. — Familles d'Aure et de La Fitte. — Le général Dembarrère. — Le général Maransin. — L'intendant général Duprat.

Bien qu'il ait joué un rôle dans l'histoire, Lourdes, avant les Apparitions, était un pauvre bourg. Cette ville, aujourd'hui si bruyante, dormait un long sommeil de paix au pied de l'énorme rocher dominé par la citadelle. Ses monuments sont peu nombreux.

LE CHATEAU. — (Pour visiter, s'adresser au gardien). Pour celui qui ne sait évoquer le passé, la visite du château est peu intéressante. Parmi les constructions modernes, il ne reste du moyen-âge que deux chemins couverts et le donjon carré des Maures, près duquel se trouve le pavillon des officiers, précédé d'une terrasse. En redescendant par la porte ouest, on passe sous une ancienne tour voûtée en pont et garnie de sa herse de fer.

Le donjon a une hauteur de 24 m. ; le rocher du fort 42 m. On compte 263 marches de la rue au sommet de la tour.

Près de l'entrée de la vieille forteresse se dresse la tour de Garnabie (xve siècle), dernier vestige des anciennes fortifications.

ÉGLISE PAROISSIALE. — L'église paroissiale ou église Saint-Pierre date du xiiie siècle. Elle est de style roman. Remarquer le maître-autel avec ses colonnes en marbre, la statue du Sacré-Cœur, celle de Notre-Dame de Lourdes. Un Curé doyen et trois vicaires assurent le service religieux.

Heures des messes :

Été { Dimanche 5 h. — 7 h. — 8 h. 1/2 — 10 h. — 11 h. 1/2
      { Semaine 5 h. 1/2 — 6 h. 1/2 — 7 h. 1/2 — 8 h. 1/2

Hiver { Dimanche 6 h. — 7 h. 1/4 — 8 h. 1/2 — 10 h. — 11 h. 1/2
        { Semaine 6 h. — 7 h. — 7 h. 3/4 — 8 h. 1/2

Vêpres tous les Dimanches à 3 heures.

L'ÉGLISE INACHEVÉE. — **Tombeau de Mgr Peyramale.** — Le tombeau de Mgr Peyramale, curé de Lourdes à l'époque des Apparitions, est dans la Crypte de l'église qu'il avait commencée à édifier, rue de Langelle. Les murs s'élèvent à hauteur de la naissance des voûtes, les toitures n'existent pas, depuis quinze ans, les travaux sont abandonnés. Admirer, parmi les ruines, les quatorze magnifiques piliers en marbre des Pyrénées de la nef et du chœur. Ils sont entourés de planches afin de les préserver des dégâts.

Pour se rendre à la Crypte, on descend un escalier de bois qui se trouve sur le bas côté gauche. Au milieu est le tombeau, tout en marbre blanc, sur une face duquel on lit : « De pieuses oboles venues de tout l'univers ont élevé ce tombeau à la mémoire bénie du grand serviteur de Notre-Dame de Lourdes. »

MAISON DE BERNADETTE SOUBIROUS. — On visite, rue des Petits-Fossés, la chambre de la maison où résidait Bernadette Soubirous lors des Apparitions. La pièce a été conservée intacte. Un vicaire de la paroisse habite ce modeste logis.

PALAIS DE JUSTICE, *route d'Argelès*. — Le nouveau Palais de Justice, construit aux frais de la commune, est élégant et parfaitement aménagé.

MAIRIE. — La mairie date de 1815, elle s'élève au midi de l'église paroissiale, sur l'emplacement de l'ancien cimetière.

FONTAINES. — La ville possède deux fontaines, places du Marcadal et du Porche.

URNE MONUMENTALE. — Boulevard de la Grotte, en descendant vers le Lapaca, on peut voir une urne en pierre posée sur un piédestal. Sur le piédestal est gravée cette phrase : « Ne fais à autrui ce que tu ne veux pas qu'il te soit fait. » On lit sur l'urne : « Aux mânes des héros morts pour la patrie. » Elle provient d'un monument édifié place de la Liberté (Marcadal) à la mémoire des soldats décédés au cours des campagnes du premier empire.

GLOIRES DE LOURDES. — Lourdes a donné à la France

d'illustres généraux. Les familles d'Aure et de La Fitte qui en sont originaires ont joué un rôle glorieux dans l'histoire.

Bernard d'Aure, chevalier d'Aragon, fut gouverneur de Lourdes pour Edouard d'Angleterre (1249).

Guilhem Garcie d'Aure, sénéchal de Bigorre, au nom de Philippe-le-Bel.

Louis, marquis de La Fitte, lieutenant général des armées de Louis XIV.

Jean Paul de La Fitte, gouverneur de Lourdes en 1681.

Le général de division, **comte Dembarrère** (1747-1828), bien que né à Tarbes, est issu d'une famille du pays. Il prit part aux campagnes de Vendée et d'Italie. Pair de France, chevalier de Saint-Louis, grand-officier de la Légion d'honneur, il rendit l'âme à Paris, le 3 mars 1828.

Le général de division, baron **Jean-Pierre Maransin** (1769-1828), est la plus pure gloire de la ville. Il se distingua en l'an VII et l'an IX à l'armée du Rhin, servit comme colonel au corps d'armée de Portugal sous Junot qui le surnomma « le brave des braves ». Créé général de brigade en 1808, baron en 1809, il fit la guerre d'Espagne et combattit à Muladar, à Albuhéra où il fut blessé et décoré.

Général de division en 1811, il assista à la bataille de Vittoria, où il se conduisit en héros. A la tête de la 6ᵉ division d'infanterie, il détruisit à la Maïa le corps d'armée du général Hill. Le 27 février 1814, il fut blessé à la bataille d'Orthez. Pendant les Cent Jours, Napoléon lui confia le commandement de l'armée des Alpes. Il mourut à Paris le 15 mars 1828.

L'intendant général, baron **Jean-Pierre Duprat**, naquit à Lourdes en 1769. En 1785, âgé de seize ans, il débuta dans l'administration militaire où, par son intégrité, sa capacité, il franchit rapidement les premiers grades.

Intendant à la Grande-Armée, après avoir servi en Italie, en Egypte, il assista à toutes les batailles de l'Empire. La Restauration en fit un intendant général.

Napoléon, dans son testament, lui légua une somme de 50.000 fr. pour le récompenser de son intégrité.

CHAPITRE IV

BERNADETTE SOUBIROUS ET LES APPARITIONS

SOMMAIRE. — La famille Soubirous. — Enfance de Bernadette. — Apparitions des 11, 14, 18, 19, 20, 21, 23, 24, 25, 27, 28 février, des 1, 2, 3, 4, 25 mars, du 7 avril, du 16 juillet 1858.

En 1858, vivait à Lourdes, dans une humble maison de la rue des Petits-Fossés, la famille Soubirous. Le père, François Soubirous, avait exploité autrefois un moulin. Ce métier exigeant des avances souvent considérables, le malheureux meunier avait dû céder son modeste établissement et se mettre à travailler comme journalier chez les propriétaires de la commune.

De son mariage avec Louise-Marie Castérot étaient nés quatre enfants : deux filles et deux garçons beaucoup plus jeunes. L'aînée, Bernadette, avait quatorze ans. Elle était rentrée depuis peu au foyer paternel. Sa mère, n'ayant pu l'allaiter, l'avait mise en nourrice à Bartrès (1) chez une parente, la femme Lagües, qui venait de perdre un nouveau-né. François Soubirous payait pour son entretien une pension de cinq francs par mois. Lorsqu'il manifesta le désir de la reprendre, sa mère nourrice ne voulut la lui rendre et consentit à l'élever sans redevance.

Dès qu'elle fut en âge d'être utile, on l'employa à garder les troupeaux. Elle était d'apparence chétive, souvent malade, atteinte d'un asthme qui lui causait d'intolérables souffrances. Ne sachant ni lire, ni écrire, on avait eu du mal à lui apprendre le chapelet.

Elle parvint à l'âge de quatorze ans sans avoir fait sa première Communion. Sa nourrice se décida alors seulement à l'envoyer à l'église pour suivre le catéchisme.

« Un jour », raconte M. Jean Barbet, un de ses biographes, alors instituteur à Bartrès, « le vicaire de la paroisse, M. l'abbé Ader, prêtre très pieux, étant indisposé, nous chargea de le remplacer pour la leçon de catéchisme. A la fin de l'exercice, il nous demanda notre appréciation sur Bernadette. Nous lui répondîmes :

---

(1) Bartrès, village à une lieue de Lourdes.

« Bernadette a de la peine à retenir le mot à mot du catéchisme, mais elle rachète son défaut de mémoire par le soin qu'elle met à s'approprier le sens intime des explications. Cette enfant est très pieuse et très modeste. — Oui, dit l'abbé, vous la jugez comme moi. Elle me paraît comme une fleur des champs et tout embaumée d'un parfum divin. Tenez, ajouta-t-il, je vous avoue que bien des fois, en la voyant, j'ai pensé aux enfants de la Salette. Assurément, si la Sainte Vierge est apparue à ces enfants, ils devaient être simples, bons et pieux comme Bernadette. » L'abbé Ader, qui était très prudent, ne lui a jamais communiqué le jugement qu'il portait sur elle (1). » Le 7 janvier 1858, constatant que leur enfant n'apprenait rien, les Soubirous la retirèrent de chez mère Lagûes pour la reprendre chez eux. Un mois après, par un temps froid et couvert, le jeudi 11 février, à onze heures du matin, au moment de préparer le repas, Louise Soubirous s'aperçut que le bois manquait pour faire cuire la soupe : « — Va en ramasser dans les Communaux, dit-elle à sa seconde fille, Marie-Toinette. » Bernadette sollicita la permission d'accompagner sa sœur, mais sa mère fut inflexible : « Non, tu tousses, tu prendrais du mal. » Une amie, Jeanne Abadie, entra sur ces entrefaites, se disposant aussi à partir à la recherche du bois mort. Elle joignit ses instances à celles de Toinette et l'autorité

---

(1) Jean Barbet.—*Guide de Lourdes et de la Grotte*, p. 73.—Desclée, de Brouwer et Cie, éditeurs, Société de Saint-Augustin. Dépôt à Lourdes, chez l'auteur, 18, rue de Bagnères.

maternelle céda après avoir fait envelopper l'enfant dans son capulet blanc : « Donc, rien de prémédité dans le but choisi par les deux sœurs Soubirous, accompagnées de Jeanne Abadie. Une femme, Pascale Lavit, rencontrée par elles, leur a affirmé que, du côté de la rive de Massabieille, elles trouveront le bois qu'elles cherchent et, sur cette indication, elles se dirigent de ce côté.

Sur la rive gauche, une prise d'eau forme un canal assez fort qui, après avoir dépassé les roches Massabieille, va rejoindre le Gave d'où il est sorti. A quelques mètres du confluent, le rocher est percé à sa base par trois excavations irrégulières, communiquant entre elles. La première, la grotte de Massabieille proprement dite, est au niveau du sol : elle a cinq à six mètres de hauteur, sept à huit mètres de largeur et une profondeur d'un peu plus de six mètres. Au-dessus, l'on voit deux ouvertures de forme ovale, de grandeur inégale.

. . . .

Un églantier pousse à la base de la plus grande des deux ouvertures qui dominent la grotte principale (1). »

Pour l'atteindre, elles durent traverser un chenal. Toinette et Jeanne retirèrent leurs sabots et nu-pieds franchirent le ruisseau. Bernadette, qui avait des bas, leur demanda de la prendre pour la porter sur l'autre rive : « Pét de périclé ! si tu veux traverser, traverse,

---

(1) Ph. Mizoyer. — *Lourdes et Bétharram*, p. 25, P. Lethielleux, éditeur. Paris.

sinon demeure où tu es, » lui répondit Jeanne Abadie, qui vivement s'éloigna avec sa compagne.

Elle se déchaussa et allait mettre un pied dans l'eau lorsqu'elle entendit comme un coup de vent dans le buisson au-dessus de la grotte et aperçut une dame d'une incomparable beauté dont « l'aspect respirait la jeunesse et la bonté. Elle était vêtue d'une robe et d'un voile blancs comme la neige, et portait une ceinture bleue ; ses pieds nus étaient parés d'une rose d'or (1) ». La Vision fit signe à Bernadette d'approcher. L'enfant éblouie ne put remuer et se mit à réciter son chapelet. Au moment où elle venait de le terminer, l'Apparition s'évanouit.

Revenant à elle, elle traversa le chenal, regarda le rocher, rien n'était changé.

— « Est-ce que vous n'avez rien vu? demanda-t-elle à Toinette et à Jeanne Abadie qui, leur travail achevé, venaient la rejoindre.

— Non ! rien du tout..... et toi ?

— Si vous n'avez rien vu, dit-elle, je n'ai rien vu non plus. »

Cependant, cédant à leurs instances, elle leur confia son secret. De retour rue des Petits-Fossés, Toinette s'empressa de narrer le fait à sa mère qui interdit à la Voyante de retourner aux roches Massabieille.

Le dimanche 14, après bien des hésitations, Louise Soubirous l'autorisa à s'y rendre en société d'amies.

(1) Leçons de l'office.

Les jeunes filles allèrent d'abord à l'église remplir d'eau bénite une fiole. Arrivées à la grotte, elles récitèrent le Rosaire. Tout à coup, Bernadette sembla transfigurée et s'écria : « Regardez ! la voilà ! »

Une compagne, Marie Hillot, lui ayant passé l'eau bénite, elle aspergea la Dame à deux reprises en disant : « Si vous venez de la part de Dieu, approchez ; si vous venez du démon, allez-vous-en. » La Vierge s'approcha, sourit. Le chapelet terminé, la Vision disparut.

Le bruit des Apparitions ne tarda pas à se répandre. On en causa toute la soirée à Lourdes, les grands esprits en rirent et personne n'y crut.

Deux dames pieuses, Mme Millet et Mlle Peyret, firent promettre à Bernadette d'aller avec elles à la grotte le jeudi suivant 18 février. Dès le matin, elles partirent, Mme Millet, portant un cierge bénit ; Mlle Peyret, une plume, du papier et de l'encre. La Dame se montra. L'enfant la pria de dire son nom et d'écrire ce qu'elle désirait. La Mère de Dieu répondit : « Ce que j'ai à vous dire, je n'ai pas besoin de l'écrire. Faites-moi seulement la grâce de venir ici pendant quinze jours. »

— Je vous le promets, dit la Voyante.

« Et moi, je vous promets de vous rendre heureuse non point en ce monde, mais dans l'autre. »

Le vendredi 19, le samedi 20, la Vierge apparut mais ne communiqua rien.

Le dimanche 21, la Dame dit: « Priez pour les pécheurs ! »

Le mardi 23 février, elle s'exprima ainsi: « Bernadette, j'ai à vous dire pour vous seule et concernant vous seule, une chose secrète. Me promettez-vous de ne la répéter à personne en ce monde ? »

— Je vous le promets, dit l'enfant. L'Apparition lui confia le secret.

—« Et maintenant, ma fille, ajouta la Reine du ciel, allez, allez dire aux prêtres que je veux que l'on m'élève ici une chapelle. »

Le mercredi 24 février, la Vierge murmura : « pénitence! pénitence! pénitence! »

Le jeudi 25, elle prononça ces paroles: « Ma fille, je veux vous confier, toujours pour vous seule et concernant vous seule, un dernier secret, que pas plus que les deux autres vous ne révélerez à personne au monde. » Le secret confié, elle ajouta : « Et maintenant allez boire et vous laver à la fontaine et manger l'herbe qui pousse à côté. »

Bernadette se dirigea vers le Gave. « N'allez point là, reprit la céleste Vision, je n'ai point dit d'aller boire au Gave; allez à la fontaine, elle est ici. » D'un signe, elle lui indiqua le côté droit de la grotte. La Voyante se mit à gratter le sol à la place désignée, l'eau monta. D'abord ce fut de la boue, puis peu à peu l'eau s'éclaircit. Elle en but et cueillit une pincée d'herbe qu'elle mangea.

La Vierge disparut.

Dès le soir, la source miraculeuse jaillissait.

Les samedi 27, dimanche 28 février, lundi 1ᵉʳ mars, mardi 2, mercredi 3, jeudi 4, la Reine du ciel se montra mais ne parla pas.

Le jeudi 25 mars, fête de l'Annonciation, Bernadette arriva vers sept heures du matin à la Grotte. Des milliers de personnes l'entouraient.

La Mère de Dieu apparut : « O ma Dame, dit-elle, veuillez avoir la bonté de me dire qui vous êtes ? »

Deux fois, elle répéta sa question.

L'Apparition joignant les mains et levant les yeux au ciel murmura :

« Je suis l'Immaculée Conception. »

Le mardi 7 avril, la Vierge resta silencieuse. L'enfant qui tenait un cierge allumé, ayant dans son extase posé sa main sur la flamme, la retira au bout de dix minutes sans trace de brûlure.

A trois mois d'intervalle, le vendredi 16 juillet, la Vision se montra pour la dix-huitième et dernière fois. Il était huit heures du soir. Bernadette s'approcha de la palissade élevée par ordre de l'autorité, et vit la Reine du ciel qui, dans un sourire, inclinant la tête en signe d'adieu, lui donnait rendez-vous au paradis.

CHAPITRE V

L'AUTORITÉ CIVILE. — L'AUTORITÉ ECCLÉSIASTIQUE

SOMMAIRE. — Bernadette chez le commissaire. — Interdiction au clergé de se rendre à la Grotte. — Premiers miracles. — Bernadette examinée par les médecins. — Graves décisions de M. Massy. — L'arrêté du 8 juin 1858. — Analyse de M. Latour de Trie. — Mgr Laurence ordonne l'enquête. — Lettre de l'évêque au ministre. — Analyse du professeur Filhol. — Napoléon III fait rapporter l'arrêté. — Mandement de Mgr Laurence. — Fêtes de juillet 1876. — Bref de S. S. Pie IX.

Dès les premières Apparitions, le dimanche 21 février, après vêpres, comme Bernadette sortait de l'église, elle fut appréhendée par un sergent de ville et conduite chez M. Jacomet, commissaire de police, qui l'interrogea sur les faits miraculeux de la Grotte et lui interdit d'y retourner sous peine d'emprisonnement. Le lendemain, poussée par une force mystérieuse, elle s'y rendait de nouveau. Constatant que les menaces ne suffisaient, M. Jacomet transmit son rapport à M. Dufour, procureur impérial.

L'autorité ecclésiastique se montra aussi sévère que réservée. Mgr Laurence, évêque de Tarbes, sur une communication du curé de Lourdes, défendit aux prêtres de son diocèse de se rendre aux roches Massabieille. Il chargea en même temps l'abbé Peyramale de le tenir au courant des événements qui viendraient à s'y produire.

Le 23 février, Bernadette alla trouver ce vénérable ecclésiastique et lui redit les paroles de la Vierge. Il se montra méfiant : « — Si la « Dame » dont tu me parles est vraiment la Reine du Ciel, répondit-il, je serai heureux, dans la mesure de mes forces, de contribuer à lui faire élever une chapelle ; mais ta parole n'est pas une certitude. Rien ne m'oblige à te croire. Je ne sais qui est cette « Dame », et, avant de m'occuper de ce qu'elle désire, je veux savoir si elle y a droit. Demande-lui, par conséquent, de me donner quelque preuve de sa puissance.

. . . .

« — L'Apparition, me racontes-tu, a sous ses pieds un rosier sauvage, un églantier qui sort des roches. Nous sommes au mois de février. Dis-lui de ma part que, si elle veut la chapelle, elle fasse fleurir le rosier (1). » L'enfant transmit cette demande à la Mère de Dieu qui se contenta de sourire.

Dès que la source eut jailli, les miracles ne tardèrent pas à se produire. Un pauvre carrier de Lourdes, Louis Bourriette, atteint d'une amaurose incurable, fut guéri

---

(1) H. Lasserre. — *N. D. de Lourdes* p. 113. Sanard et Derangeon, éditeurs. Paris.

L'AUTORITÉ CIVILE — L'AUTORITÉ ECCLÉSIASTIQUE 45

après s'être lavé avec l'eau de la Grotte. L'enthousiasme fut à son comble en ville où tout le monde connaissait le miraculé. Au paroxysme de la colère, les esprits forts, ne se contentant plus d'inventer mille histoires ridicules, résolurent de frapper un grand coup. Ils supplièrent le maire, M. Lacadé, d'interdire l'accès des communaux dont les roches Massabieille faisaient partie. M. Lacadé refusa.

On eut alors recours à M. le baron Massy, préfet des Hautes-Pyrénées, qui demanda des instructions au ministre des cultes, M. Rouland.

Le 25 mars, Bernadette se rendit une seconde fois auprès de l'abbé Peyramale pour lui transmettre les paroles de l'Apparition, incompréhensibles pour elle : « Je les répétais en moi-même tout le long du chemin pour ne point les oublier, » nous racontait-elle un jour ; « et jusqu'au presbytère, où j'allais, je disais : Immaculée Conception, Immaculée Conception, à chaque pas que je faisais, parce que je voulais porter à monsieur le curé les paroles de la Vision, afin que la Chapelle se bâtît (1). » Bien que la Reine du Ciel n'eût pas jugé à propos de faire fleurir l'églantier, l'abbé Peyramale, convaincu de la bonne foi de la Voyante, crut en elle et devint son plus fidèle défenseur.

En réponse à son rapport, le préfet reçut du ministre une longue missive dans laquelle ce haut fonctionnaire déplorait les événements de Lourdes.

---

(1) — H. Lasserre. — *N. D. de Lourdes*, p. 208. Sanard et Derangeon, éditeurs, Paris.

Depuis la guérison de Bourriette, Marie Daube, Bernarde Soubie, Fabien Baron, le fils Bouhohorts, Blaise Maumus, Auguste Bordes, etc., atteints de maladies, retrouvèrent la santé après s'être lavés ou trempés dans l'eau de la source. La grotte Massabieille était devenue une chapelle. Un chemin tracé par les ouvriers de la ville y conduisait. On y voyait des ex-voto, des banderoles, des tableaux, des vases de fleurs, des cierges, des statues, tous les habitants des environs y venaient en pèlerinage.

Continuant ses mille tracasseries, l'autorité civile soumit la Voyante à un examen médical. Deux médecins l'étudièrent, observèrent ses moindres actions, et déclarèrent qu'elle n'était point folle, mais avait « pu présenter un état extatique qui s'était renouvelé plusieurs fois ».

Décidé à en finir avec « l'affaire de Lourdes », le préfet ordonna : 1° l'arrestation de Bernadette et son internement à l'hospice de Tarbes, 2° l'enlèvement de tous les objets déposés aux roches Massabieille.

Le maire était chargé de s'assurer de l'enfant. Sur les instances de l'abbé Peyramale, M. Lacadé la laissa en liberté et fit savoir au chef de l'administration départementale qu'il aimait mieux donner sa démission que de faire semblable besogne. Le baron Massy consentit à surseoir à l'exécution de sa première décision. Pour M. Jacomet, escorté de sergents de ville, il opéra le déménagement complet de la Grotte. Le soir même de ce glorieux exploit, la population s'y rendit en masse apportant de nouveau cierges et banderoles.

Furieux de se voir ainsi berné, le préfet fit prendre au maire de Lourdes l'arrêté suivant :

> Le Maire de la Ville de Lourdes,
>
> Vu les instructions à lui adressées par l'Autorité supérieure,
>
> Vu les lois du 14-22 décembre 1789, du 16-24 août 1790, du 19-22 juillet 1791, et celle du 18 juillet 1837, sur l'Administration Municipale ;
>
> Considérant qu'il importe, dans l'intérêt de la religion, de mettre un terme aux scènes regrettables qui se passent à la grotte de Massabieille, sise à Lourdes, sur la rive gauche du Gave ;
>
> Considérant, d'un autre côté, que le devoir du Maire est de veiller à la santé publique locale ;
>
> Considérant qu'un grand nombre de ses administrés et des personnes étrangères à la commune viennent puiser de l'eau à une source de ladite grotte ;
>
> Considérant qu'il y a de sérieuses raisons de penser que cette eau contient des principes minéraux et qu'il est prudent, avant d'en permettre l'usage, d'attendre qu'une analyse scientifique fasse connaître les applications qui en pourraient être faites par la médecine ; que d'ailleurs la loi soumet l'exploitation des sources minérales à l'autorisation préalable du gouvernement;
>
> ARRÊTE :
>
> Article premier. — Il est défendu de prendre de l'eau à la dite source.
>
> Art. 2. — Il est également interdit de passer sur le communal de la dite rive de Massabieille.
>
> Art. 3. — Il sera établi à l'entrée de la grotte une barrière pour en empêcher l'accès ; des poteaux seront également placés qui porteront ces mots : il est défendu d'entrer dans cette propriété.
>
> Art. 4. — Toute contravention au présent arrêté sera poursuivie conformément à la loi.

Art. 5. — M. le commissaire de police, la gendarmerie, les gardes champêtres, les autorités de la commune, demeurent chargés de l'exécution du présent arrêté.

Fait à Lourdes, en l'hôtel de la Mairie, le 8 juin 1858.

Le Maire, A. LACADÉ.

Vu et approuvé.

Le Préfet, O. MASSY.

Des gardes furent établis pour empêcher la foule d'approcher. Rien n'y fit. Toute la journée on amenait au juge de paix des délinquants, coupables d'avoir enfreint les ordres préfectoraux. M. Latour de Trie fut chargé officiellement de procéder à l'analyse de l'eau de la source. Voici le rapport qu'il transmit et qui fut affiché sur tous les murs de la ville :

L'eau de la grotte de Lourdes est très limpide : inodore et sans saveur tranchée ; sa pesanteur spécifique est très voisine de celle de l'eau distillée. Sa **température à la source est de 15°** centigrades.

Elle contient :

1° Chlorures de soude, de chaux et de magnésie.
2° Carbonates de chaux et de magnésie.
3° Silicates de chaux et d'albumine.
4° Oxyde de fer.
5° Sulfate de soude et carbonate de soude.
6° Phosphate : des traces.
7° Matière organique : ulmine.

Nous constatons dans la composition de cette eau une absence complète de sulfate de chaux ou sélénite.

Cette particularité assez remarquable est toute à son avantage et doit nous la faire considérer comme étant très légère, facile à la digestion et imprimant à l'économie animale une disposition favorable à l'équilibre de l'action vitale.

Nous ne croyons pas trop préjuger, en disant, vu l'ensemble

et la qualité des substances qui la constituent, que la science médicale ne tardera peut-être pas à lui reconnaître des vertus curatives spéciales, qui pourraient la faire classer au nombre des eaux qui forment la richesse minérale de notre département.

Signé : A. LATOUR DE TRIE.

Emu de la tournure que prenaient les événements, et cédant aux sollicitations de ses diocésains, Mgr Laurence ordonna une enquête et prit les dispositions suivantes :

Art. I. — Une Commission est instituée dans le diocèse de Tarbes à l'effet de rechercher :

Si des guérisons ont été opérées par l'usage de l'eau de la Grotte de Lourdes, soit en boissons, soit en lotions, et si ces guérisons peuvent s'expliquer naturellement, ou si elles doivent être attribuées à une cause surnaturelle ; si les Visions que prétend avoir eues dans la Grotte, l'enfant Bernadette Soubirous, sont réelles, et, dans ce cas, si elles peuvent s'expliquer naturellement, ou si elles revêtent un caractère surnaturel et divin ;

Si l'objet apparu a fait des demandes, manifesté des intentions à cette enfant; si celle-ci a été chargée de les communiquer, à qui, et quelles seraient les demandes ou intentions manifestées.

Si la fontaine qui coule aujourd'hui dans la Grotte existait avant la Vision que Bernadette Soubirous prétend avoir eue.

Art. II.—La Commission ne nous présentera que des faits établis sur des preuves solides; elle nous adressera sur ces faits des rapports circonstanciés contenant son avis.

Art. III. — MM. les Doyens du diocèse seront les principaux correspondants de la Commission ; ils sont priés de lui signaler :

Les faits qui se seront produits dans leurs doyennés respectifs ;

Les personnes qui pourraient rendre témoignage de l'existence de ces faits ;

Celles qui, par leur science, pourraient éclairer la Commission ;

Les médecins qui auraient soigné les malades avant leur guérison.

Art. IV. — Après renseignements pris, la Commission pourra faire procéder à des enquêtes. Les témoignages seront reçus sous la foi du serment. Lorsque les enquêtes se feront sur les lieux, deux membres au moins de la Commission s'y transporteront.

Art. V. — Nous recommandons avec instance à la Commission d'appeler souvent dans son sein des hommes versés dans les sciences de la médecine, de la physique, de la chimie, de la géologie, etc., afin de les entendre discuter les difficultés qui pourraient être de leur ressort à certains points de vue, et de connaître leur avis. La Commission ne doit rien négliger pour s'entourer de lumières et arriver à la vérité, quelle qu'elle soit.

Art. VI. — La Commission se compose de neuf membres du Chapitre de notre cathédrale, des supérieurs de nos grand et petit Séminaires, du supérieur des Missionnaires du diocèse, du curé de Lourdes; et des professeurs de dogme, de morale, de physique, de chimie de notre Séminaire.

Le professeur de chimie de notre petit Séminaire sera souvent entendu.

Art. VII. — M. Nogaro, chanoine archiprêtre, MM. les chanoines Tabarier et Saule sont nommés vice-présidents. La Commission nommera un secrétaire et deux vice-secrétaires pris dans son sein.

Art. VIII. — La Commission commencera ses travaux immédiatement et se réunira aussi souvent qu'elle le jugera nécessaire.

Donné à Tarbes, dans notre palais épiscopal, sous notre seing, notre sceau, et le contre-seing de notre secrétaire, le 28 juillet 1858.

BERTRAND, évêque de Tarbes.

Par mandement :

FOURCADE, chanoine, secrétaire.

De méchants gamins prétendirent avoir des Visions. Le ministre, instruit de ces faits, adressa à l'évêque de Tarbes, dont la circulaire venait de paraître, une lettre dans laquelle il le priait de sortir de la « réserve où il s'était tenu pour réprouver publiquement de semblables profanations. »

Le Prélat répondit :

Monsieur le Ministre,

Grand a été mon étonnement en lisant votre dépêche. Je suis, moi aussi, renseigné sur ce qui se passe à Lourdes et, comme évêque, hautement intéressé à réprouver tout ce qui est de nature à attrister la religion et les fidèles. Or je peux vous affirmer que les scènes dont vous m'entretenez n'ont pas existé telles qu'elles vous ont été signalées, et que, s'il y a eu quelques faits regrettables, ils ont été passagers et qu'il n'en reste plus de traces.

Les faits auxquels votre Excellence fait allusion se seraient passés depuis la fermeture de la Grotte et la première semaine de juillet. Deux ou trois enfants de Lourdes se mirent à faire les visionnaires et à débiter des extravagances dans les rues. La Grotte étant alors fermée, comme je l'ai dit, ils trouvaient moyen de s'y introduire et d'offrir leurs services aux visiteurs arrêtés à la barrière pour faire toucher les chapelets dans l'intérieur de la Grotte, et recevoir leurs offrandes pour se les approprier. L'un d'eux, qui se faisait le plus remarquer par ses excentricités, parfois peu séantes, était attaché à l'église de Lourdes comme enfant de chœur. M. le curé l'a vivement réprimandé, chassé du catéchisme et exclu du service de l'église. Ce désordre n'a été que passager. Le public n'a vu là que des espiègleries d'enfant, que quelques menaces ont fait cesser. Tels sont les faits que des personnes trop zélées ont travestis, dans leurs rapports, en scènes permanentes.

. . . .

Le clergé de la ville a été admirable de prudence, n'allant jamais à la Grotte, pour ne pas accréditer le pèlerinage, favorisant au contraire les mesures prises par l'autorité. Toutefois il vous a été signalé comme favorisant la superstition. Je n'accuse point le premier magistrat du département, dont les intentions ont toujours été droites ; mais il a eu dans cette affaire une confiance exclusive en ses subordonnés...

Par ma lettre en réponse à M. le Préfet, à la date du 11 avril dernier, lettre qui a été mise sous vos yeux, j'offrais mon loyal concours à ce magistrat pour mener cette affaire à bonne fin. Mais je n'ai pu, comme on le désirait, flétrir, du haut de la chaire chrétienne, sans examen, sans enquête, sans raison avouée, les personnes qui allaient prier à la Grotte, ni leur en défendre l'accès, alors surtout qu'aucun désordre n'était signalé, bien qu'à certains jours les visiteurs se comptassent par milliers. Outre que l'église motive toujours les défenses qu'elle porte, et que je n'étais pas suffisamment renseigné, j'avais aussi la certitude que, dans ce moment d'excitation des esprits, ma parole n'aurait pas été écoutée.

M. le préfet, étant en conseil de révision à Lourdes, le 4 mai, fit enlever, par le commissaire de police de Lourdes, les objets et emblèmes religieux qui étaient dans la Grotte, et, dans une allocution qu'il adressa aux maires du canton, il dit qu'il avait pris cette mesure d'accord avec l'évêque diocésain, assertion qui a été répétée, quelques jours plus tard, par le journal de la préfecture. Je fus informé de cette mesure par les journaux et par m. le curé de Lourdes. Je me hâtai d'écrire à ce dernier, pour faire respecter les ordres de m. le Préfet ; je ne me suis plaint, ni alors, ni depuis, de ce que je paraissais être de moitié dans une mesure que j'ignorais. Bien que de nombreuses lettres m'aient été adressées pour m'engager à réclamer, je me suis abstenu : je n'ai pas voulu ajouter aux embarras de la situation.

Les objets religieux enlevés de la Grotte, nous pouvions espérer que les visites diminueraient peu à peu, et que ce pèlerinage, si inopinément improvisé, prendrait fin. Il n'en a pas été ainsi. Le public prétendit, à tort ou à raison, que l'eau qui coule dans la Grotte opérait des cures merveilleuses ; le concours devint plus nombreux : on s'y rendait en foule des départements voisins.

Le 8 juin, M. le Maire de Lourdes publia un arrêté pour défendre l'accès de la Grotte. Les considérants sont pris dans l'intérêt de la Religion et de la santé publique. Bien que la Religion eût été mise en avant et que l'évêque n'ait pas été consulté, ce dernier n'a formulé aucune réclamation : il a gardé le silence pour les raisons ci-dessus exposées...

Aujourd'hui, cédant aux réclamations qui me sont adressées de toutes parts, j'ai cru que le moment était venu de m'occuper utilement de cette affaire. J'ai nommé une commission, à l'effet de rechercher et de rassembler les éléments nécessaires pour prendre une décision, en ce qui me concerne, sur une question qui remue le pays et qui, d'après les renseignements qui m'arrivent, semble intéresser la France entière. J'ai la confiance que les fidèles la recevront avec soumission, parce qu'ils savent que je n'aurai rien négligé pour arriver à la vérité.

....

Je suis, etc....

B.-S., Evêque de Tarbes.

Différents chimistes du pays ayant refait l'analyse de l'eau de la Grotte et conclu que c'était de l'eau ordinaire, la municipalité chargea le professeur Filhol, de Toulouse, de procéder à un nouvel examen. Le 7 août 1858, il communiqua au maire le rapport ci-dessous :

Je soussigné, professeur de chimie à la faculté des sciences de Toulouse, professeur de pharmacie et de toxicologie à l'école de médecine de la même ville, chevalier de la Légion d'Honneur, certifie avoir analysé une eau provenant d'une source qui a jailli aux environs de Lourdes.....

Il résulte de cette analyse que l'eau de la grotte de Lourdes a une composition telle qu'on peut la considérer comme une eau potable, analogue à la plupart de celles que l'on rencontre sur les montagnes dont le sol est riche en calcaire.....

Les effets extraordinaires qu'on assure avoir obtenus à la suite de l'emploi de cette eau ne peuvent pas, au moins dans l'état actuel de la science, être expliqués par la nature des sels dont l'analyse y décèle l'existence.

Cette eau ne renferme aucune substance active, capable de lui donner des propriétés thérapeutiques marquées. Elle peut être bue sans inconvénient.

Toulouse, le 7 août 1858.

Signé : FILHOL.

De nombreuses pétitions furent adressées à l'Empereur, réclamant l'autorisation pour tous de se rendre à la Grotte. Napoléon III se trouvait justement à Biarritz. Il examina avec soin la question et accorda audience à Mgr de Salinis, archevêque d'Auch, qui plaida chaudement la cause de Lourdes. Cédant à ses instances, le Souverain ordonna par télégramme à M. Massy de rapporter son arrêté.

Au milieu de l'allégresse générale, la Commission instituée par Mgr Laurence se rendit à Lourdes le 17 novembre afin d'interroger Bernadette. Elle fit modestement le récit des Apparitions. Une enquête soigneusement menée prouva qu'aucune source n'existait aux roches Massabieille avant le 25 février. Le tribunal ecclésiastique, assisté de médecins, se transporta dans tout le département, afin de constater les miracles accomplis. Après trois mois de travaux, il remit son rapport à Mgr Laurence et le 18 janvier l'évêque de Tarbes fit paraître le mandement dont la teneur suit :

LE SAINT NOM DE DIEU INVOQUÉ,

Nous fondant sur les règles sagement tracées par Benoît XIV, dans son ouvrage de la béatification et de la canonisation des saints pour le discernement des apparitions vraies ou fausses.

Vu le rapport favorable qui nous a été présenté par la commission chargée d'informer sur l'Apparition de la grotte de Lourdes et sur les faits qui s'y rattachent;

Vu le témoignage écrit des Drs Médecins que nous avons consultés, au sujet de nombreuses guérisons obtenues à la suite de l'emploi de l'eau de la grotte ;

Considérant d'abord que le fait de l'Apparition, envisagé, soit dans la jeune fille qui l'a rapporté, soit surtout dans les effets extraordinaires qu'il a produits, ne saurait être expliqué que par l'intermédiaire d'une cause surnaturelle ;

Considérant en second lieu que cette cause ne peut être que divine, puisque les effets produits étant, les uns, des signes sensibles de la grâce, comme la conversion des pécheurs; les autres des dérogations aux lois de la nature, comme les guérisons miraculeuses, ne peuvent être rapportés qu'à l'auteur de la grâce et au maître de la nature;

Considérant enfin que notre conviction est fortifiée par le concours immense et spontané des fidèles à la grotte, concours qui n'a point cessé depuis les premières Apparitions, et dont le but est de demander des faveurs ou de rendre grâces pour celles déjà obtenues;

Pour répondre à la légitime impatience de notre vénérable chapitre, du clergé, des laïques de notre diocèse, et de tant d'âmes pieuses qui réclament depuis longtemps de l'autorité ecclésiastique une décision que des motifs de prudence nous ont fait retarder;

Voulant aussi satisfaire aux vœux de plusieurs de nos collègues dans l'épiscopat et d'un grand nombre de personnages distingués, étrangers au diocèse;

Après avoir invoqué les lumières du Saint-Esprit et l'assistance de la Très Sainte Vierge, avons déclaré et déclarons ce qui suit :

Art. I. — Nous jugeons que l'Immaculée Marie, Mère de Dieu, a réellement apparu à Bernadette Soubirous, le 11 février 1858 et jours suivants au nombre de dix-huit fois, dans la grotte de Massabieille, près de la ville de Lourdes ; que cette Apparition revêt tous les caractères de la vérité, et que les fidèles sont fondés à la croire certaine.

Nous soumettons humblement notre jugement au jugement du Souverain Pontife qui est chargé de gouverner l'église universelle.

Art. II. — Nous autorisons dans notre diocèse le culte de Notre-Dame de Lourdes ; mais nous défendons de publier aucune formule particulière de prières, aucun cantique, aucun livre de dévotion, relatifs à cet événement, sans notre approbation donnée par écrit.

Art. III. — Pour nous conformer à la volonté de la Sainte Vierge, plusieurs fois exprimée lors de l'Apparition, nous nous proposons de bâtir un sanctuaire sur le terrain de la grotte qui est devenu la propriété des évêques de Tarbes.

Cette construction, vu la position abrupte et difficile des lieux, demandera de longs travaux et des fonds relativement considérables ; aussi avons-nous besoin, pour réaliser notre pieux projet, du concours des prêtres et des fidèles de notre diocèse, des prêtres et des fidèles de la France et de l'étranger.

Nous faisons appel à leur cœur généreux et particulièrement à toutes les personnes pieuses de tous les pays qui sont dévouées au culte de l'Immaculée Conception de la Vierge Marie.

Art. IV. — Nous nous adressons avec confiance aux établissements des deux sexes, consacrés à l'enseignement de la jeunesse, aux congrégations des Enfants de Marie, aux confréries de la Sainte-Vierge et aux diverses associations pieuses soit de notre diocèse, soit de la France entière.

. . . .

18 janvier 1862.

BERTRAND, *évêque de Tarbes.*

Mgr Laurence acheta à la ville le groupe entier des roches Massabieille. Le 4 avril 1864, eut lieu la première cérémonie à la Grotte. L'évêque de Tarbes bénit la statue de la Mère de Dieu qui fut placée à l'intérieur de l'excavation, sur le bord de l'églantier. Cette œuvre est due au ciseau de M. Fabisch, de Lyon. Bernadette et l'abbé Peyramale, tous deux malades, ne purent prendre part à ces fêtes.

De grandes solennités eurent lieu en juillet 1876 pour la consécration de la Basilique et le couronnement de la statue de N. D. de Lourdes.

Le cardinal Guibert, archevêque de Paris, présida les cérémonies au nom du Saint-Père, assisté du Nonce Apostolique à Paris, Mgr Mégla, archevêque de Damas.

Les archevêques d'Auch, de Toulouse, d'Avignon, de la Nouvelle-Orléans, de Catane, de Perga, d'Alger, d'Aix, de Chambéry, de Reims, d'Albi, les évêques de Digne, de Poitiers, d'Annecy, d'Hébron, de Marseille, de Vannes, de Nantes, de Limoges, de Montauban, de Grenoble, de Tarantaise, d'Angoulême, de Nîmes, de Savannah (Etats-Unis), de Nevers, de Saint-Paul (Brésil), d'Olinda (Brésil), d'Agen, de Valence, d'Oran, de Tamaulipas (Mexique) répondirent à l'invitation de Mgr Jourdan, évêque de Tarbes, successeur de Mgr Laurence. Trois mille prêtres, cent mille chrétiens, accourus de tous les points du globe, assistèrent à ces incomparables fêtes où l'enthousiasme des fidèles fut extraordinaire.

Pie IX adressa le Bref suivant aux prélats réunis à Lourdes à l'occasion de ces cérémonies :

A notre cher fils Joseph-Hippolyte Guibert, cardinal-prêtre de la Sainte-Eglise romaine, du titre de Saint-Jean-Porte-Latine, par la grâce du Saint-Siège, archevêque de Paris, et à nos vénérables frères les archevêques et évêques réunis pour les solennités de Lourdes.

PIE IX, PAPE.

Cher Fils et vénérables Frères, salut et bénédiction apostolique.

Quand nous avons prescrit de procéder à la consécration de l'église de Lourdes, et au couronnement de la vénérable statue honorée en ce lieu, notre dessein n'était pas seulement de donner un témoignage public de notre dévotion envers la Sainte Mère de Dieu; nous voulions aussi, en présence des calamités dont la religion chrétienne est menacée à l'heure actuelle, fournir un nouveau stimulant à la piété des fidèles, de ceux de France en particulier, afin de les engager à réclamer avec plus d'insistance l'aide de notre céleste Patronne et à redoubler de confiance en sa puissante protection. Nous avons eu la joie d'apprendre, par votre lettre du 4 juillet, que vous avez tous déployé le plus grand zèle pour réaliser notre pensée, et que nous avons déjà en partie atteint le but que nous nous étions proposé, puisque d'innombrables foules de pieux fidèles, suivant votre exemple, étaient accourus dans la basilique sacrée pour honorer la Vierge Immaculée et implorer son secours.

Cette éclatante manifestation de foi et de piété nous comble d'allégresse et nous laisse concevoir l'espérance que le Dieu tout puissant, déférant aux supplications de sa Sainte Mère, sauvera non seulement votre illustre nation, mais tout le peuple chrétien de la tempête et des dangers qui le menacent aujourd'hui, consolera les affligés, fortifiera les faibles, éclairera les aveugles, ramènera les pécheurs dans la voie salutaire du repentir, et rendra enfin à la société humaine, bouleversée par tant de secousses, la paix que nous demandons depuis si longtemps. Ce qui reste à faire maintenant, c'est de veiller à ce que cette ardeur de dévotion qui vient de se manifester d'une façon si merveilleuse, loin de s'attiédir, s'accroisse et s'étende de plus en plus. Vous travaillerez, nous en avons la ferme confiance, à procurer ce résultat, de concert avec les autres évêques du monde catholique.

En attendant, nous aimons à vous louer de ce que vous avez fait jusqu'ici, et à vous remercier des sentiments que vous nous avez exprimés. En même temps, comme gage de la bénédiction divine et comme témoignage de notre particulière affection, nous accordons dans le Seigneur notre bénédiction apostolique, à vous, notre cher fils, et à vous, vénérables frères, ainsi qu'au clergé et aux fidèles qui sont confiés à votre vigilance pastorale.

Donné à Rome, près Saint-Pierre, le 22 juillet de l'année 1876, et la trente et unième de notre pontificat.

PIE IX, PAPE.

Le 16 juillet 1883, Son Em. le Cardinal Desprez, archevêque de Toulouse, bénit la première pierre de l'église du Rosaire.

Le 6 août 1889, Son Em. le cardinal Richard, archevêque de Paris, fit la dédicace de l'église.

Le 11 février 1892, Son Em. le cardinal Langénieux, archevêque de Reims, inaugura la messe et l'office propres concédés par Léon XIII le 11 juillet 1890.

CHAPITRE VI
LE NOUVEAU LOURDES

SOMMAIRE. — L'Esplanade. — Abri des pèlerins. — Imprimerie des R. R. Pères. — La Grotte. — Les Piscines. — Les Lacets. — La Basilique. — La Crypte. — Le Rosaire. — Maison des R. R. P. P. de l'Immaculée-Conception. — Palais épiscopal. — Les Spélugues. — Le Calvaire. — Hospice de N.-D. des Douleurs. — Les Couvents.

Après avoir franchi le Gave sur le pont du boulevard édifié en 1881, le regard embrasse l'**Esplanade**, immense parc qui conduit directement à l'église du Rosaire, à la Basilique et à la Grotte.

Remarquer au milieu de massifs de verdure un **Saint-Michel** en bronze et la **croix des Bretons**. Plus loin, dans l'ancienne prairie de Savy, la **statue couronnée** de la Mère de Dieu (œuvre de M. Raffl) ; à droite, l'**Abri des pèlerins**, vaste bâtiment qui renferme une immense salle remplie de bancs ; à gauche, la magnifique **Imprimerie des RR. Pères**.

LA GROTTE. — Pour se rendre à la Grotte, passer à droite du Rosaire et longer le Gave. L'entrée de l'excavation est protégée par une grille. La Vierge en marbre blanc (par M. Fabisch) se dresse majestueusement au fond. Autour de la tête, on lit cette inscription en lettres émaillées : « Je suis l'Immaculée Conception. » Des béquilles tapissent les parois, plus de deux cents cierges brûlent continuellement sur de grandes herses de fer, il y en a de gros à cinquante francs et de petits à vingt-cinq centimes. A droite, une chaire en marbre, des bancs et des chaises.

Pendant les pèlerinages, on peut voir un magnifique autel roulant, recouvert de plaques d'argent gravé.

A gauche de la Grotte est la fontaine miraculeuse dont l'eau tombe par trois robinets dans un bassin. Une partie s'écoule par douze robinets pour la commodité des pèlerins ; l'autre alimente les piscines.

La source donne cinq mille litres à l'heure, cent vingt mille litres par jour.

LES PISCINES. — A trente mètres de la fontaine sont les piscines, édifiées en 1892. Elles se composent de trois salles : une pour les hommes, une pour les dames, une pour les enfants. L'eau n'est renouvelée que trois fois par jour, vers onze heures, trois heures et six heures. Le matin jusqu'à six heures et le soir de sept à neuf heures, les personnes bien portantes y sont admises. Tout le reste du temps, elles sont réservées aux infirmes.

LES LACETS. — A l'ouest de la Grotte, s'étendent les Lacets, chemins pratiqués sur la colline qui la mettent en communication avec la Basilique.

Avec l'argent venu de toutes les parties du monde chrétien, la chapelle demandée par la Reine du Ciel s'est élevée grandiose. Elle comprend trois parties : la Basilique, la Crypte, l'église du Rosaire.

LA BASILIQUE. — La Basilique, chef-d'œuvre de grâce et de légèreté dans le style du xiiie siècle, s'élève triomphante au sommet des roches Massabieille. Elle est placée juste au-dessus de la Grotte et comprend deux parties : l'église supérieure et la Crypte. Elle a été édifiée sous l'épiscopat de Mgr Laurence par M. Hippolyte Durand, architecte diocésain. L'extérieur du monument est en pierre de Lourdes, l'intérieur en pierre blanche d'Angoulême.

La flèche, d'un travail admirable, porte à son sommet une couronne d'or. Un carillon redit tous les quarts d'heure la première phrase du « Parce Domine » en réponse à la parole de la Mère de Dieu : « pénitence ! pénitence ! pénitence ! »

Les cloches, fondues à Paris dans les ateliers de M. Hildebrand, ont été offertes en 1873 à Notre-Dame de Lourdes par le prince Gaston de Béarn. La première, Jeanne-Alphonsine (poids 2000 kilogrammes), a eu pour parrain Alphonse XII de Bourbon et pour marraine Mlle Jeanne-Marie de Béarn. La deuxième, Geneviève-Félicie (poids 1800 kilogrammes), Mgr Pierre-Félix, archevêque de Tours, et Mme la duchesse de Vallombreuse. La troisième, Hermine-Benoîte (poids 1.100 kilogrammes), Mgr Langénieux, évêque de Tarbes, et Mme la princesse de Léon. La quatrième, Cécile-Gastine (poids 800 kilogrammes), le prince et Mme la princesse de Béarn.

Au-dessus de la grande rosace, admirer la mosaïque sortie des ateliers du Vatican. Elle représente le pape Pie IX.

La longueur de l'édifice est de cinquante et un mètres, sa largeur de vingt et un mètres.

A l'entrée, statue de la Vierge en marbre blanc.

A droite et à gauche, l'Immaculée Conception et Saint Bernard. Sur le tympan de la porte, Jésus bénissant les pèlerins.

Dès que le visiteur a plongé ses regards dans la nef, il ne sait qu'admirer, partout la soie et l'or. Les témoignages de reconnaissance des fidèles tapissent l'église du haut en bas. De la voûte du sanctuaire pendent d'immenses bannières, venues de toutes les contrées du monde.

On remarque parmi les plus belles :

Metz (Vierge entourée d'un lis), la Bretagne (Sacré-Cœur au sein d'une gloire), Notre-Dame d'Afrique (Vierge Noire), Notre-Dame de Fourvières (armes de la ville de Lyon).

Une grille dorée entoure le chœur.

Le maître-autel, tout en marbre de Carrare, est l'œuvre de deux Lyonnais, MM. Bresson et Bonnet. Cinq bas-reliefs en décorent la partie inférieure. Ils représentent la Visitation, l'Annonciation, l'Assomption, le

Couronnement, l'Apparition de la Grotte. Aux fêtes, un immense tapis, dessiné à Blois et brodé par les Dames de France, recouvre les mosaïques de l'église.

L'autel est dominé par la statue de la Vierge (par M. Cabuchet). La couronne se compose de douze étoiles d'or avec diamants. On a placé au-dessous de la statue, la palme d'or, ornée d'émaux, donnée par Pie IX. On y lit l'inscription suivante : « De pieuses âmes de Majorque à Pie IX, martyr et confesseur. »

On compte vingt lustres disposés en cercle autour du tabernacle et douze lampes dont les plus belles sont celles d'Irlande, de Valence et de Macao (Chine).

Remarquer sur les côtés du sanctuaire les ex-voto, croix d'honneur, épaulettes d'officiers, épées, navires, le Rosaire d'or de Poitiers, des drapeaux d'Angleterre, de Belgique, de Hongrie, etc...; les verrières de la nef qui reproduisent les principales figures de l'ancien et du nouveau Testament; la chaire en chêne du Canada, don de la ville de Marseille ; le Christ en ivoire qui lui fait face ; le grand orgue sorti des ateliers de Cavaillé Coll (25 jeux).

On compte quinze chapelles. Les plus belles sont celles du Sacré-Cœur, de N.-D. du Mont-Carmel, de Saint-Joseph. Leurs vitraux représentent les Apparitions, les confessionnaux sont en chêne des Pyrénées.

TRÉSOR. — Pour visiter le trésor, s'adresser à la sacristie. On y verra un ostensoir pesant seize kilogrammes et mesurant 1 m. 35. Cette unique pièce d'orfèvrerie est l'œuvre de M. A. Calliat, de Lyon.

LA CRYPTE. — Descendons dans l'église souterraine, taillée dans le roc, et le spectacle change. Un éternel demi-jour règne, c'est le lieu du recueillement par excellence. Les piliers, les colonnes s'entrecroisent, des lumières vacillent dans les vingt-trois lampes allumées jour et nuit. Au milieu est l'autel de la Sainte Vierge entouré de chapelles dont les murs sont couverts de cœurs d'or, d'argent, de vermeil.

ÉGLISE DU ROSAIRE. — Le sol de l'église est au niveau de celui de la Grotte. Deux magnifiques rampes circulaires, s'élevant en fer à cheval, forment devant le portail une vaste place du plus grandiose effet. Elles vont retrouver l'entrée de la Basilique en contournant la coupole. Ce sanctuaire, construit sur les plans de M. Hardy, n'a pas de style bien défini ; il se rapproche du byzantin mais tous s'y confondent. Admirer avant d'entrer le groupe formé par Saint Dominique recevant le Rosaire des mains de la Mère de Dieu.

L'intérieur a la forme d'une rotonde ; pas un pilier, pas un vitrail. Quinze chapelles, représentant les quinze mystères du Rosaire, entourent l'hémicycle.

Les murs sont couverts d'ex-voto comme dans la Crypte et la Basilique. Un parquet de chêne remplace le dallage habituel. L'église a quarante-huit mètres de long, cinquante-deux de large. La décoration intérieure est complètement à faire. Des offrandes ont été versées par les fidèles pour édifier le maître-autel et l'orgue, mais elles sont encore insuffisantes pour faire grand.

L'année 1896 a vu réaliser un grand progrès. L'électricité a été installée dans les trois églises. Avant peu l'Esplanade et le quai du Gave seront éclairés de la même façon.

Un bel escalier de marbre met en communication le Rosaire et la Basilique.

LA MAISON DES RR. PP. DE L'IMMACULÉE CONCEPTION est à l'ouest des roches Massabieille, à côté de la Basilique.

LE PALAIS ÉPISCOPAL s'élève plus loin au milieu des Spélugues.

LES SPÉLUGUES. — Chapelle Ste Madeleine. — Sous les Spélugues, au Sud-Ouest de Lourdes, se trouvent trois ouvertures, formant deux chambres, aujourd'hui transformées en chapelles et fermées par une grille. Remarquer dans la salle de gauche, l'autel en marbre, la descente de croix qui se trouve au-dessus. Dans la deuxième salle, la statue de Marie-Madeleine.

LE CALVAIRE. — Un chemin conduit après mille détours au sommet du monticule des Spélugues: c'est le Calvaire (100 m.). Un autel avec Christ, treize croix dont celle en bois de cèdre de Jérusalem qui domine la hauteur, forment les quatorze stations.

HOSPICE DE N.-D. DES DOULEURS. — Cet hôpital, dû à la charité de Mademoiselle Saint-Frai, en religion sœur Saint-Jean-Baptiste, s'élève avenue de la Grotte. Il reçoit une centaine de vieillards infirmes. Pendant les pèlerinages, on y entasse cinq cents malades.

La Grotte est entourée de nombreux couvents : celui des **Clarisses** est avenue de la Grotte ; le monastère des **Carmélites**, route de Pau ; les **Assomptionnistes** à la même hauteur mais en deçà de la voie ferrée ; les **Dominicaines** ; près des collines de Visens, les **Sœurs de l'Immaculée Conception** ont édifié une superbe maison à cinq minutes de la Basilique, derrière le Palais Episcopal, sur le chemin de la Forêt. Elle prennent en pension les dames pieuses qui veulent éviter le bruit de la ville et les hôtels. L'œuvre de l'adoration perpétuelle est établie dans leur chapelle.

CHAPITRE VII

LES PÈLERINAGES. — LES MIRACLES

SOMMAIRE. — Le Pèlerinage National. — Hospitalité de Notre-Dame de Salut. — Hospitalité de Notre-Dame de Lourdes. — Archiconfrérie de l'Immaculée Conception. — Guérisons de Louis Bourriette, Bonhohorts, Benoîte Cazeaux, Blaisette Soupenne, Henri Busquet, Mme veuve Rizan, etc... Mlle Marie Moreau de Sazenay, M. Henri Lasserre. — Quelques miracles accomplis en 1895.

Lourdes reçoit chaque année la visite d'environ deux cent cinquante mille pèlerins. En hiver, viennent les personnes éprises de silence. Avril, mai, juin, juillet voient les pieuses délégations des villes du midi. En août et septembre, les pèlerinages se succèdent sans interruption. Il en arrive de tous les points du monde, le plus important est celui de Paris, dit Pèlerinage National. Avec l'automne, la ville reprend sa physionomie habituelle. Les habitants des environs choisissent cette saison pour faire leur visite annuelle à la Grotte.

PÈLERINAGE NATIONAL. — C'est en 1872 qu'eut lieu le premier Pèlerinage National. Depuis, il est organisé chaque année par les R.R. P.P. Augustins de l'Assomption. Il amène mille à douze cents malades, un nombre considérable d'ecclésiastiques et de fidèles. Pendant les cinq jours qu'il reste à Lourdes, l'animation de la ville est extraordinaire. De minuit à midi, les messes se succèdent à la Grotte, à la Basilique, dans la Crypte, au Rosaire, à la chapelle Sainte-Madeleine, dans les couvents; partout il y a foule. Le soir venu, on organise de magnifiques processions aux flambeaux auxquelles des milliers de personnes prennent part.

HOSPITALITÉ DE NOTRE-DAME DE SALUT. — HOSPITALITÉ DE NOTRE-DAME DE LOURDES. — L'hospitalité de Notre-Dame-de-Salut a été fondée en 1881 par le comte de Combettes du Luc. Les membres de cette association doivent accompagner les malades nécessiteux pendant le Pèlerinage National, les nourrir, les baigner, et leur prodiguer tous les soins désirables. Les brancardiers les transportent de la gare à N.-D.-des-Douleurs, à la Grotte, aux Piscines etc.....

Hospitalité de Notre-Dame-de-Salut.

Directeur général : Le Rév. Père Picard, Supérieur Général des Augustins de l'Assomption, 8, rue François Ier, Paris.

Président : M. Charles de Cahuzac.

Secrétaires : MM. Cabanis et E. Christophe.

De pieuses dames ont organisé l'association des Hospitalières de Notre-Dame-de-Lourdes. Elles prodiguent leurs soins aux femmes pauvres et infirmes.

LES PÈLERINAGES — LES MIRACLES 73

De généreux habitants assurent tout l'année un service permanent de brancardiers. Ils se tiennent à la disposition des infirmes pour les plonger dans les piscines de 8 h. à 11 h. du matin et de 2 h. à 5 h. du soir.

Hospitalité de Notre-Dame-de-Lourdes.

Directeur : Le Rév. Père Burosse, de l'Immaculée Conception.

Président : M. le baron de Malet.

Secrétaire : M. E. Christophe.

Avant l'immersion, on fait réciter aux malades l'acte de Contrition. Pendant l'immersion, les invocations suivantes doivent être répétées trois fois :

Bénie soit la Sainte et Immaculée Conception de la Bienheureuse Vierge Marie, Mère de Dieu.
Notre-Dame de Lourdes, priez pour nous.
Ma Mère, ayez pitié de nous.
Notre-Dame de Lourdes, guérissez-nous pour l'amour et la gloire de la Sainte Trinité.
Notre-Dame de Lourdes, guérissez-nous pour la conversion des pécheurs.
Santé des infirmes, priez pour nous.
Secours des malades, priez pour nous.
O Marie conçue sans péché, priez pour nous qui avons recours à vous.

ARCHICONFRÉRIE DE L'IMMACULÉE-CONCEPTION. — L'archiconfrérie de l'Immaculée-Conception est particulière à Notre-Dame de Lourdes. Elle a pour but de remercier la Sainte Vierge des Apparitions. Les membres doivent porter le scapulaire bleu et réciter le Rosaire tous les jours.

LES MIRACLES. — Ce modeste guide ne saurait avoir la prétention de faire le récit des innombrables faveurs accordées par la Sainte Vierge à ceux qui ont invoqué son nom. C'est par milliers que l'on compte les miracles accomplis à la Grotte. Nous nous contenterons donc de citer rapidement quelques guérisons extraordinaires et de renvoyer pour les détails aux admirables ouvrages de M. Henri Lasserre (1) et de M. le docteur Boissarie (2).

La première guérison obtenue par un lavage avec l'eau de la fontaine miraculeuse est celle de Louis Bourriette dont nous faisons mention au chapitre V.

Les Bouhohorts, humbles journaliers de Lourdes, avaient un enfant infirme, le petit Justin. Il ne pouvait marcher et se mourait d'une fièvre de consomption. Sa mère, malgré les clameurs des voisins, le trempa dans l'eau glaciale de la source. Quelques heures après, il allait mieux, le lendemain il était guéri.

Benoîte Cazeaux, atteinte de douleurs, ne quittait plus le lit depuis trois ans. Elle eut recours à la Sainte Vierge, après trois ablutions le mal avait disparu.

Blaisette Soupenne, de Lourdes, affligée d'une blé-

---

(1) Henri Lasserre. — *Les épisodes miraculeux de Lourdes*, 1 vol. in-4 broché de 500 pages avec encadrements variés. — Sanard et Derangeon, Paris.
(2) Docteur Boissarie. — *Lourdes depuis 1858 jusqu'à nos jours*, 1 vol. in-12 broché. — Sanard et Derangeon, Paris.

pharite, compliquée d'atrophie, retrouve la vue après deux lotions.

Henri Busquet, de Nay (Basses-Pyrénées), souffrait d'un abcès qui s'étendait du cou à la poitrine. Le docteur Subervielle le lui perça, son état devint plus grave. Le 28 avril 1858, sur sa demande, sa famille lui apporta une fiole d'eau de la Grotte. Il lava ses plaies, le lendemain elles étaient fermées.

La veuve Marie Lanou-Domengé, âgée de quatre-vingts ans, résidant à Bordères (Hautes-Pyrénées), paralysée de tout le côté gauche, put courir après avoir bu un verre d'eau miraculeuse.

Mme veuve Rizan, de Nay (Basses-Pyrénées), paralysée depuis vingt-quatre ans et atteinte d'une terrible maladie d'estomac, était sur le point de mourir. Le docteur Subervielle, son médecin, ne lui donnait plus deux jours à vivre. La moribonde se fit apporter de l'eau de la Grotte par une voisine, Mme Nessans. A peine en avait-elle avalé une gorgée dans le verre que lui présentait sa fille Lubine qu'elle s'écriait : « Oh ! ma fille, c'est la vie que je bois, lave-moi le visage, les bras, les jambes, tout le corps ! » M. Henri Lasserre, qui fait un long récit de ce miracle, a eu occasion de rencontrer la veuve Rizan, dix ans après sa guérison. Elle était en parfaite santé et malgré son grand âge n'avait aucune infirmité.

Mlle Marie Moreau de Sazenay, âgée de 17 ans, habitant Tartas (Landes), avait perdu la vue, ses parents étaient dans la désolation. Un soir, son père, dont la foi était profonde, lui fit mettre un bandeau imbibé d'eau de Lourdes. A son réveil, Mlle de Sazenay voyait.

Joachine Dehaut, d'origine belge, avait une jambe couverte d'un ulcère. Elle ne pouvait marcher qu'appuyée sur des béquilles. Elle se rendit à Lourdes, à peine plongée dans la piscine, ses plaies se refermaient.

M. Henri Lasserre, l'illustre historien de Notre-Dame de Lourdes, a été lui aussi l'objet d'un miracle. En juin 1862, sa vue qui avait toujours été excellente, commença à s'affaiblir, bientôt tout travail lui fut impossible. Il essaya de tous les traitements et consulta les médecins les plus célèbres. Rien n'y fit.

Ce fut un de ses amis, M. de X..... (ne trahissons pas son incognito), qui, bienqu'appartenant à la religion réformée, lui conseilla d'user de l'eau de la Grotte. Voici la lettre qu'il lui adressa à ce sujet. « Mon cher ami, tes quelques lignes m'ont fait plaisir; mais, ainsi que je t'ai déjà dit, il me tarde d'en voir de ton écriture. Ces jours derniers, en revenant de Cauterets, je suis passé à Lourdes (près de Tarbes); j'y ai visité la célèbre Grotte, et j'ai appris des choses si merveilleuses en fait de guérisons produites par ses eaux, principalement pour les maladies d'yeux, que je t'engage très sérieusement à en essayer. Si j'étais catholique, croyant, comme toi, et si j'étais malade, je n'hésiterais pas à courir cette chance. S'il est vrai que des malades ont été subitement guéris, tu peux espérer d'en grossir le nombre ; et si cela n'est pas vrai, qu'est-ce que tu risques à en essayer? J'ajoute que j'ai un peu un intérêt personnel à cette expérience. Si elle réussissait, quel fait important pour moi à enregistrer ! Je serais en présence d'un fait miraculeux, ou tout au moins d'un événement dont le témoin principal serait hors de toute suspicion. Il paraît qu'il n'est pas nécessaire d'aller à Lourdes même, pour prendre cette eau, et qu'on peut s'en faire envoyer. Tu n'as qu'à en demander au curé de Lourdes, il t'en expédiera. Il faut préalablement accomplir certaines formalités, que je ne saurais guère t'indiquer ; mais le curé de Lourdes te renseignera. Prie-le aussi de t'envoyer une petite brochure du vicaire général de Tarbes, qui relate les faits miraculeux les mieux constatés. » M. Henri Lasserre hésitait à suivre les conseils donnés. Cependant, après avoir mûrement réfléchi, il résolut de tenter l'expérience. M. de X... écrivit à Mgr Peyramale, curé de Lourdes, et quelques jours écoulés, M. Henri Lasserre recevait une caisse renfermant une bouteille d'eau miraculeuse. Le vendredi 10 octobre 1862, après avoir prié et supplié la Vierge Marie de le prendre en pitié, il en passa sur ses paupières un linge imbibé. A peine cette opération était-elle commencée qu'il poussait un cri de soulagement : « Je suis guéri ! » Depuis ce jour, l'illustre écrivain jouit d'une vue excellente qu'il emploie à retracer les gloires de la Reine du ciel. Ses trois ouvrages : *Notre-Dame de*

Lourdes, les Episodes miraculeux et *Bernadette* (Sœur Marie-Bernard) (1) sont universellement connus et estimés. Nous ne saurions trop en recommander la lecture aux pèlerins, ils forment le complément nécessaire de toute visite à la Grotte.

Les Annales de Notre-Dame de Lourdes nous signalent un grand nombre de faveurs obtenues en 1895. Voici les principales : M. Félicien Kruck, âgé de 19 ans, élève au petit séminaire de Vaux (Jura), atteint d'une coxalgie, a vu disparaître son mal après avoir été plongé dans la piscine.

Mme Putt, âgée de 36 ans, habitant Bruxelles, paralysée depuis deux ans, a été guérie après une lotion.

Mlle Marie Burel, prise de rhumatismes depuis huit ans, arrivée le 7 mai avec le pèlerinage breton, ne pouvant circuler qu'appuyée sur un bâton, est repartie marchant librement après cinq bains.

Marthe Soulard, 21 ans, de Bouloirs (Sarthe), paralysée depuis cinq ans, ne pouvait ni marcher, ni remuer les bras. Dès la troisième immersion, elle se rendait allègrement au bureau médical où sa guérison était constatée.

Mme Léonce, 41 ans, de Tours, atteinte d'une bronchite chronique, a vu sa terrible affection cesser au second bain.

Antoine Desbruères, 19 ans, de Thaumiers (Cher), pris depuis cinq ans de douleurs dans le dos et de fai-

(1) Sanard et Derangeon, éditeurs, Paris.

blessé dans les membres inférieurs ne pouvait circuler qu'appuyé sur une béquille. Il se baigna deux fois sans résultat. Le 25 septembre, au passage du Saint Sacrement, il se redressa brusquement et put marcher.

Mlle Louise Dansette, 32 ans, de Paris, atteinte d'une affection tuberculeuse du sommet du poumon gauche et de crachements de sang, arrivée à Lourdes le 19 août 1895 avec le Pèlerinage National dans un état alarmant, a vu ses souffrances cesser après un bain. Aujourd'hui, Mlle Louise Dansette est entrée chez les Religieuses de Ste-Marie-de-la-Famille, elle jouit d'une parfaite santé et se dispose à soigner avec zèle les malades indigents.

De nombreux miraculés de ces dernières années sont venus en 1895 remercier la Mère de Dieu de ses innombrables faveurs. Nous avons reconnu parmi eux : Marie Lebranchu (la Grivotte de M. E. Zola), Irma Montreuil, Louise Moreau, Madame Profit, Marie Beuvelot, Jean de Brouwer, Mlle Marie Lemarchand (Elise Rouquet de M. E. Zola), Antoinette Pécantet, Marie Briffault, Sœur Julienne, Madame Gordet, Joachine Dehaut, Mlle Talbot, Marthe Fréchaud, etc...

CHAPITRE VIII

LES GLOIRES DE LA NOUVELLE VILLE

SOMMAIRE. — Mgr Laurence. — Mgr Peyramale. — Le Rev. Père Sempé. — Bernadette Soubirous.

Comme sa sœur ainée l'ancienne ville, la nouvelle cité a ses gloires. Mgr Laurence, Mgr Peyramale, le R. P. Sempé, immortels ouvriers de N. D. de Lourdes, ont droit à la reconnaissance des fidèles du monde entier par la façon dont ils ont exécuté les ordres de la Vierge.

Mgr LAURENCE, ÉVÊQUE DE TARBES (1790-1870). — Bertrand-Sévère Laurence naquit à Oroix (Hautes-Pyrénées), le 7 septembre 1790. Les parents du futur évêque étaient pauvres. Le Dr Dusserm, de Juncalas, frappé de sa précoce intelligence, demanda à son père de le lui confier, ce qui fut accordé immédiatement. Tout en recevant de son protecteur les éléments de l'instruction, Bertrand Laurence subvenait à son entretien en rasant les habitants du pays.

L'abbé Cazenavette, curé de Juncalas, ayant remarqué le bon cœur, la piété profonde du jeune barbier, lui proposa d'abandonner son état pour entrer dans les ordres. Proposition qui fut accueillie avec joie. Après de longues années d'études, il fut admis au séminaire d'Aire. Son érudition, ses qualités d'administrateur, lui valurent un avancement rapide.

Il fut successivement supérieur du séminaire de Saint-Pé, du grand séminaire diocésain et vicaire général de Mgr Double, évêque de Tarbes, auquel il succéda. A partir de 1858, l'histoire de Mgr Laurence est intimement liée à celle de N. D. de Lourdes. On lui doit l'organisation actuelle de la Grotte, l'acquisition des terrains, la construction de la Crypte et de la Basilique. Il sut faire affluer les dons, et surtout les bien employer.

Il mourut à Rome le 30 janvier 1870, dans sa quatre-vingtième année.

Mgr PEYRAMALE, *protonotaire apostolique, curé de Lourdes.* — Dominique-Marie Peyramale naquit à Momères, près Tarbes, le 11 mai 1811. Après de brillantes études aux collèges de Saint-Pé et de Tarbes, il entra au séminaire et fut ordonné prêtre en 1835.

Vicaire à Vic, puis à Saint-Jean de Tarbes, desservant à Aubarède, aumônier de l'hôpital civil et militaire de Tarbes, il fut appelé jeune à la cure de Lourdes.

Nous avons vu dans un chapitre précédent sa noble conduite, lors des Apparitions. Dès qu'il fut convaincu de la sincérité de Bernadette et que l'autorité ecclésiastique eut rendu son jugement, il n'eut plus qu'un but, remplir la mission dont la Sainte Vierge l'avait particulièrement investi.

Un jour, comme l'architecte diocésain venait de lui présenter le plan d'une chapelle à édifier sur le sommet des roches Massabieille, il déchira le papier et en lança les morceaux dans le Gave en s'écriant : « Ce qu'il faut ici, en mémoire des grands événements qui s'y sont accomplis, ce n'est pas l'église rétrécie d'un village : c'est un temple de marbre, aussi vaste que le pourra contenir le sommet des roches Massabieille, aussi magnifique que le pourra concevoir votre esprit. Allez, monsieur l'architecte, que votre génie ose tout, que rien ne l'arrête et qu'il enfante un chef-d'œuvre. Et sachez bien que, fussiez-vous Michel-Ange, ce sera encore étrangement indigne de la Vierge apparue ici (1). » Les millions affluèrent et le temple s'éleva grandiose.

L'église paroissiale de Lourdes est petite, aussi Mgr Peyramale avait-il résolu de la reconstruire. Dans ce but, il ouvrit une souscription, les dons répondirent à son appel et la municipalité promit cent mille francs qui devaient être versés lorsque l'édifice serait couvert. Les travaux marchèrent rapidement, malheureusement Mgr Peyramale prit des engagements au-dessus de ses ressources, les offrandes diminuèrent et l'édifice demeu-

---

(1) Henri Lasserre.— *N.-D. de Lourdes*, p. 559.

ra dans l'état où on le voit aujourd'hui. Il mourut le 8 septembre 1877 et fut inhumé dans la crypte de son église inachevée.

RÉV. PÈRE SEMPÉ. — Le Rév. Père Pierre-Marie Sempé, né à Lamarque-Pontacq, fut le premier supérieur des Rév. Pères de l'Immaculée-Conception. Professeur au séminaire de Saint-Pé, secrétaire de l'évêché, il déploya une activité extraordinaire. Renonçant à une carrière qui s'annonçait brillante, l'abbé Sempé se fit missionnaire de Garaison. Lorsque Mgr Laurence demanda à cette congrégation de déléguer quelques-uns de ses membres à Lourdes, le Rév. Père Sempé fut choisi avec plusieurs de ses confrères. Depuis ce moment, il ne quitta jamais cette ville. Son œuvre est considérable. Il surveilla l'exécution de tous les travaux qui excitent aujourd'hui notre admiration. On lui doit la création de l'esplanade, l'abri des pèlerins, etc. Il organisa un nombre considérable de pèlerinages et mourut à Lourdes, le 1er septembre 1889.

BERNADETTE SOUBIROUS. — Nous avons parlé des Apparitions et de l'enfance de Bernadette au chapitre V, il nous reste à dire quelques mots de sœur Marie-Bernard.

En 1858, Bernadette fut mise en pension chez les Sœurs de Nevers. Le 3 juin de la même année, préparée par M. l'abbé Pomian, elle fit sa première communion. Une curiosité bien compréhensible l'entourait, elle ne pouvait sortir sans être acclamée, tous les pèlerins voulaient la voir. Obligée de s'entretenir avec les personnages qui demandaient sans cesse à lui causer, ces visites étaient pour cette modeste jeune fille de pénibles corvées. Résolue à se soustraire aux ovations des foules et décidée depuis longtemps à prendre le voile, elle choisit l'ordre des Religieuses de la Charité et de l'Instruction chrétiennes.

Après avoir dit adieu à la Grotte, elle partit le 8 juillet 1866 pour le couvent de Saint-Gildars, à Nevers, maison-mère de la congrégation. Elle y vécut dans la retraite, édifiant tout le monde par sa piété. Elle correspondait fréquemment avec ses frères et se faisait tenir au courant des événements de Lourdes.

Avec les années, sa maladie de poitrine n'avait fait qu'empirer. Elle mourut de son asthme, le 16 avril 1877, après de terribles souffrances. Le corps de sœur Marie-Bernard fut inhumé dans une chapelle de la communauté pendant que son âme partait goûter les béatitudes éternelles promises par la Mère de Dieu.

CHAPITRE IX

EXCURSIONS AUX ENVIRONS DE LOURDES

SOMMAIRE. — Moyens de locomotion : chemin de fer, voitures, bicyclette. — Itinéraires à travers la ville et aux environs. — Argelès. — Saint-Savin. — Pierrefitte-Nestalas. — Cauterets. — Luz. — Saint-Sauveur. — Gèdre. — Gavarnie. — Cirque de Gavarnie. — Héas. — Barèges. — Pic du Midi. — Bagnères-de-Bigorre.

Par sa situation à l'avant-garde de la montagne, Lourdes est un admirable centre d'excursions. Afin que chacun puisse trouver facilement les renseignements dont il a besoin, nous avons divisé notre travail en deux chapitres.

Le chapitre IX, dans sa première partie, guide le voyageur à travers la ville, lui donne le moyen d'en visiter rapidement les monuments. Il indique des itinéraires de promenades aux villages et lieux environnants. Sa deuxième partie est consacrée aux excursions à travers les Pyrénées, à Argelès, Saint-Savin, Cauterets, Luz, Saint-Sauveur, Gavarnie, Barèges, Bagnères-de-Bigorre.

Le chapitre X fait la description de Pau et de Tarbes. Il est terminé par un historique du célèbre pèlerinage de Bétharram.

MOYENS DE LOCOMOTION. — Les trajets peuvent s'effectuer de trois façons : en chemin de fer, en voitures ou à bicyclette.

CHEMIN DE FER. — La gare est située au nord-est de la ville. C'est un bâtiment de 90 mètres de longueur, renfermant de vastes salles et des bureaux spacieux.

Les voyageurs trouveront dans le tableau ci-dessous le

Prix des places de Lourdes aux stations suivantes

STATIONS	Dist.	1re cl.	2e cl.	3e cl.
	kil.	fr. c.	fr. c.	fr. c.
St-Pé.................	11	1 25	» 85	» 55
Montaut-Bétharram........	15	1 70	1 15	» 75
Coarraze-Nay...........	22	2 50	1 75	1 15
Assat.................	32	3 60	2 40	1 60
Pau...................	39	4 35	2 95	1 90
Adé...................	3	» 30	» 25	» 15
Ossun.................	10	1 10	» 75	» 45
Juillan................	15	1 65	1 15	» 70
Tarbes................	20	2 20	1 55	» 95
Lugagnan..............	6	» 65	» 45	» 30
Boo-Silhen.............	12	1 35	» 90	» 60
Argelès-Gazost.........	15	1 70	1 15	» 75
Pierrefitte-Nestalas.....	21	2 35	1 60	1 05
Bagnères-de-Bigorre.....	42	4 80	3 25	2 10
Montrejeau............	73	8 20	5 50	3 60
Bordeaux..............	267	29 90	20 20	13 15
Toulouse..............	177	19 80	13 40	8 70
Bayonne...............	145	16 25	10 95	7 15
Dax...................	124	13 90	9 35	6 20

Voitures. — Le tarif général des voitures, des colis, un extrait du règlement, le prix approximatif des voitures à la journée se trouvent en tête du volume aux renseignements généraux. Pour les promenades comme pour les excursions, s'entendre avant le départ avec le voiturier aussi bien pour la rétribution que pour le chemin à parcourir.

Bicyclette. — Ce moyen de locomotion est le plus agréable sinon le plus pratique de tous. Il tend à se généraliser. Toutefois les touristes-cyclistes qui s'aventurent sur les routes à travers la montagne doivent prendre de grandes précautions, car les plus graves accidents sont toujours à craindre.

I

Pour les promenades à travers la ville, nous nous contentons de donner la liste des monuments à visiter. On ne peut pas s'égarer dans Lourdes, aussi supprimons-nous les indications inutiles. La description de l'ancien et du nouveau Lourdes forme les chapitres III et VI, s'y reporter pour tous les renseignements.

ITINÉRAIRE PERMETTANT DE VISITER RAPIDEMENT LA VILLE. (Voir le plan à la fin du volume). Départ de la gare, boulevard de la Grotte (à droite, Hospice ; urne monumentale); pont du Boulevard, Esplanade (statue de Saint-Michel, Croix des Bretons, Vierge couronnée ; à droite, Abri des pèlerins ; à gauche, Imprimerie des RR. Pères).

Visiter la Basilique, la Crypte, le Rosaire, la Grotte, les Fontaines, les Piscines.

Prendre, à l'ouest de la Grotte, les Lacets qui aboutissent devant la maison des RR. PP. Missionnaires. Descendre le boulevard et l'avenue de la Grotte, admirer les somptueux hôtels et les magnifiques magasins d'objets de piété (avenue de la Grotte, Hospice de N.-D. des Douleurs et Panorama).

Franchir le Pont-Vieux (couvent des sœurs Clarisses, Diorama, Tour de Garnabie) ; prendre la rue du Château jusqu'à l'entrée de la citadelle. Sortir par la porte ouest ou du Pourtet, suivre la rue de la Fontaine, la rue Basse jusqu'à la place du Porche (Église paroissiale, Mairie), la rue du Tribunal (ancienne Église), la rue des Petits-Fossés (maison de Bernadette), la rue de la Grotte, la chaussée du Bourg jusqu'au Champ-Commun (Halle, Tribunal en face, route d'Argelès), la rue de La Fitte, le Marcadal (fontaine), la rue Saint-Pierre, la rue de Langelle (église inachevée, tombeau de Mgr Peyramale), la rue des Bains, la chaussée Maransin et le boulevard de la Grotte qui reconduit à l'Esplanade.

Ier **Itinéraire.** — (Durée 1 h. aller et retour). — ASCENSION DU CALVAIRE ET GROTTES DES SPÉLUGUES. — Monter le boulevard jusqu'au chemin du Calvaire, qui commence près de la Basilique et conduit au sommet des Spélugues (100 m.). Redescendre par le côté opposé. Après de nombreux détours, le sentier mène aux grottes, transformées en chapelles, et aboutit au chemin de Batsurguère, à côté de la maison des RR. Pères.

IIᵉ Itinéraire. — (Durée 1 h. 1/2 aller et retour). — NOVICIAT D'ARRICAOU, COUVENT DE L'IMMACULÉE-CONCEPTION, GROTTES DE LA CHÈVRE ET DU LOUP, BOIS DE SUBERCARRÈRE. — Suivre le quai du Gave jusqu'à l'ancienne maison d'Arricaou, aujourd'hui noviciat, et le chemin de la Forêt jusqu'au bois de Subercarrère. Au retour, s'arrêter aux grottes de la Chèvre et du Loup qui se trouvent au delà des Spélugues.

La grotte du Loup est longue de 250 m. et renferme un puits profond. Pour parcourir cette galerie, il est prudent d'être accompagné d'un guide.

IIIᵉ Itinéraire. — (Durée 1 h. 40 aller et retour). — Excursion au lac. S'engager sur la route de Pau, bifurquer sur celle de Pontacq; arrivé à Biscaye, tourner à gauche, un chemin conduit directement au lac. Moyennant légère rétribution au fermier, on peut se promener en barque, pêcher, chasser. Magnifique restaurant Carrazé.

IVᵉ Itinéraire. — (Durée 1 h. 1/4 aller et retour), VISENS, BISCAYE. — Suivre la route de Pau jusqu'à Visens, prendre le chemin qui relie ce village à Biscaye et revenir par la route de Pontacq où se trouve l'ancien quartier de cavalerie de Nemours.

Vᵉ Itinéraire. — (Durée 1 h. aller et retour). CAR-

RIÈRES DE SCHISTE DE BOURIÉ ET DE BARRAOU. — Au-delà du Pont-Vieux, sur la rive gauche du Gave, se trouvent les carrières de schiste de Bourié et plus loin celles de Barraou. On suivra avec intérêt les pénibles travaux auxquels se livrent de nombreux ouvriers.

VIᵉ Itinéraire. — (Durée 3 h. 1/2 aller et retour) ADÉ, BARTRÈS. — Prendre la route de Tarbes jusqu'à Adé et le chemin qui mène à Bartrès (visiter l'église). On redescend par un sentier qui va retrouver la route de Tarbes.

VIIᵉ Itinéraire. — ASCENSION DU GRAND GERS (950 m.). L'Ascension du Grand Gers est la plus belle que l'on puisse faire sans s'éloigner de Lourdes. Après avoir quitté la route de Bagnères et passé le Mont-de-Justice, on gravit la montagne à travers les bruyères. Du sommet, la vue s'étend au nord jusqu'à Toulouse ; au sud sur la vallée d'Argelès.

On peut faire de même et beaucoup plus facilement l'ascension du Petit Gers (632 m.).

VIIIᵉ Itinéraire. — GRAND-BÉOUT. — Sortir de Lourdes par le chemin de Peyramale. Après avoir traversé une prairie, on grimpe au faîte sans fatigue. Malheureusement de nombreuses montagnes masquent l'horizon.

IXᵉ Itinéraire. — LE PRÉ-DU-ROI (1495 m.) — Prendre à hauteur du noviciat d'Arricaou le chemin qui relie Lourdes à Omex. Au sud-ouest de ce village, s'étend la plaine du Boutsu, au fond de laquelle s'élève le Pré-du-Roi. Un sentier conduit au sommet de la montagne, point d'où l'on jouit d'un incomparable panorama. Pour assister au lever du soleil, il est bon de coucher à Omex ou à Ségus. De ces villages l'ascension ne dure que trois heures.

X⁰ Itinéraire. — LA CHAPELLE DE LA GROTTE DU PUITS. — La chapelle de la grotte du Puits est au sud des monts du Gers à 630 m. d'altitude entre Louzourm et Léret. Un chemin aboutit à l'entrée de la grotte qui présente intérieurement l'aspect d'une chapelle. Des centaines de stalactites descendent de la voûte, le cristal de roche y abonde. Pendant la Révolution, cette anfractuosité servit de retraite à plusieurs Girondins.

XI⁰ Itinéraire. — PIC D'ALIAN (1092 m.). — Suivre la route d'Argelès et prendre un chemin qui mène directement à Viger (212 hab.), se diriger vers le sud-ouest et l'on a devant soi le pic d'Alian (1092 m.). L'ascension est pénible, mais on est récompensé des fatigues qu'elle occasionne par une vue d'ensemble sur la chaîne.

XII⁰ Itinéraire. — GAZOST. — Départ par la route d'Argelès, la quitter au Pont-Neuf, longer le Néez et le Louey jusqu'à Cheust. Un chemin mène de ce village à Gazost. A 3 k. sont les sources dites de Gazost, aujourd'hui canalisées et amenées à Argelès.

AUTRES LIEUX A VISITER : Croix-Blanche (900 m.). Les Angles (ruines du Château), Julos (Camp de César), vallée de Ferrières, forêt de Mourles, tour de Vidalos, Labassère.

II

Pour les excursions à travers les Pyrénées, nous ne pouvons fixer d'itinéraires comme pour les promenades aux environs de la ville, car ils varient à l'infini selon la fantaisie, la santé et la bourse du touriste.

Pour dire un mot des principales stations thermales, nous avons adopté l'ordre suivant qui est celui dans lequel elles se trouvent placées sur les routes.

Argelès (N.-D. de Poueylaün).

Saint-Savin, Pierrefitte-Nestalas, Cauterets, Luz, Saint-Sauveur, Gèdre, Gavarnie (Cirque de), Héas (Cirque de Troumouse), Barèges (Pic du Midi, observatoire), Bagnères-de-Bigorre.

VOIR LE PLAN A LA FIN DU VOLUME

ARGELÈS
(466 m. d'altitude).

Argelès, 15 kil. de Lourdes, chef-lieu d'arrondissement ; 1733 habitants, sur le Gave d'Azun, est une des plus jolies stations des Pyrénées. Au milieu d'un parc de six hectares sont d'élégants chalets groupés autour d'un établissement thermal modèle. La vie y est à bon marché, la température exceptionnellement douce.

Hôtels de France, d'Angleterre, des Bains, du Parc, Beauséjour, Peyrafitte, Victoria.

Les excursions à faire aux environs sont nombreuses, une des plus agréables est celle de Poueylaün.

Pour se rendre à Notre-Dame de Poueylaün, on quitte à Argelès la route de Pierrefitte pour prendre celle des Eaux-Bonnes. Après avoir traversé Arras, Aucun, Marsous; on rencontre Arrens, village au midi duquel a été édifié le sanctuaire de N.-D. de Poueylaün. Cette chapelle n'offre de remarquable qu'un autel et une statue de la Vierge. A quelques kilomètres à l'est de N.-D. de Poueylaün est le lac d'Estaing, connu des gourmets par ses truites saumonées.

SAINT-SAVIN
(506 hab.).

De la route de Pierrefitte, on aperçoit, sur la droite, le village de Saint-Savin, célèbre par sa belle église et les ruines de son abbaye dont la fondation remonte au VIIe siècle. La chronique rapporte que par leur piété, leur sagesse, les Bénédictins avaient réussi à attirer autour de leur couvent les populations du Lavedan et à fonder un état indépendant dont ils étaient les chefs respectés.

L'abbaye et le village doivent leur nom à Sabi, fils d'Hentilius, comte de Poitiers, qui, désabusé des grandeurs terrestres, se retira dans les ruines du Pallatium Emilsanium, près de la montagne de Pouey-Aspé (1). Il y vécut treize ans dans la retraite la plus profonde, partageant son temps entre la méditation et la prière,

(1) Larousse. — *Dictionnaire.*

couchant au fond d'un trou sur un lit de feuilles sèches. Son corps fut enseveli dans la chapelle du monastère. En mémoire de ce saint ermite, le couvent et le village changèrent leur nom de Billa-Bencus en celui de Sen-Sabi, devenu Saint-Savin. Charlemagne combla de biens l'abbaye. En 847, les Northmens la livrèrent aux flammes. Elle resta en ruines jusqu'au Xe siècle où elle fut réédifiée par Raymond, comte de Bigorre.

L'église paroissiale, ancienne chapelle du monastère, excite malgré son délabrement l'admiration de tous les artistes. On y voit le tombeau de Saint-Savin, un orgue chargé de figures bizarres, un portail et un autel avec de belles mosaïques.

Hôtel de la vallée.

Plus loin est la chapelle de Piétat, où beaucoup de personnes viennent en pèlerinage.

PIERREFITTE-NESTALAS

(722 hab.)

Actuellement point terminus de la voie ferrée qui d'ici quelques années sera prolongée jusqu'à Cauterets, comprend deux villages, Nestalas et Souloum (belle église), séparés par le Gave de Cauterets.

Hôtels des Pyrénées, de France, de la Poste, Restaurant du Midi.

CAUTERETS

(Altitude 930 m. ; 1700 habitants).

Cauterets partage avec Bagnères-de-Bigorre et Luchon la royauté des Pyrénées. De nombreux véhicules et un service régulier de voitures assurent les relations directes entre ce bourg et la gare de Pierrefitte (11 k., omnibus, 2 fr. 75 avec 30 k. de bagages).

Les eaux sulfureuses de Cauterets (thermalité 35° à 55°) jouissent depuis des siècles de la plus grande réputation. Elles jaillissent par douze sources et sont distribuées aux baigneurs par neuf établissements dont les plus célèbres sont : les Œufs, les Thermes, la Raillière, les Néothermes.

Le Casino offre toutes les distractions. Un parc, de larges avenues, l'esplanade des Œufs permettent de se promener sans sortir du bourg.

Principaux hôtels : sur le boulevard, Hôtels d'Angleterre, Continental, du Boulevard.

Sur la place : Hôtels du Parc, de la Paix.

Rue de la Raillière : Hôtels Richelieu, de France, de Londres.

Place des Œufs : Hôtel des Promenades.

Rue Traversière : Hôtel de l'Univers.

Les excursions et ascensions sont aussi nombreuses qu'intéressantes. Le voyageur qui séjourne à Cauterets doit se rendre :

A la Grange de la Reine Hortense,
A la cascade de Cériset,
Au lac de Gaube (1788 m.),
Au pont d'Espagne (1488 m.),
Au pic de Viscos (2141 m.),
Au Monné (2724 m.).

DE PIERREFITTE A LUZ. — Les quinze kilomètres qui séparent Pierrefitte de Luz constituent un des plus imposants parcours que l'on puisse effectuer. La route, encaissée par la montagne, franchit le Gave sur les ponts d'Enfer, de la Reine-Hortense (obélisque 1807) et de Pescadère où elle se sépare en deux tronçons qui se rejoignent au-dessus de Saint-Sauveur. Peu à peu l'horizon s'élargit et l'on arrive à Luz, dont les gracieuses habitations s'élèvent en un vallon où paissent de nombreux troupeaux de vaches et de moutons.

LUZ

(739 m. d'altitude).

Autrefois la capitale d'une petite république indépendante dans laquelle plusieurs villages formaient un « vic » (1), a perdu son titre et se contente d'être aujourd'hui un chef-lieu de canton de 1507 habitants. La température y est douce, la végétation extraordinaire. La population, composée de cultivateurs, est pauvre et

(1) Taine. — *Voyage aux Pyrénées.*

si il faut en croire M. Taine, « il n'y a pas cent ans on n'y connaissait que trois chapeaux et deux paires de souliers ». Depuis ce temps, la richesse n'est venue mais le bien-être a fait de sensibles progrès dans toute la région.

On peut visiter avec intérêt une chapelle du XVIe siècle, l'église des Templiers du XIIe, le musée pyrénéen (entrée 0 fr. 50).

Hôtels de l'Univers, de France, d'Europe.

Foires 8 juin, 14 août, 30 septembre.

Les sources de Barzun-Barèges ont été amenées à Luz en 1881, un bel établissement thermal y a été édifié.

Excursions et ascensions à faire :

Ruines du château de Sainte-Marie (XIVe siècle).

Chapelle Solférino.

Ascensions du pic de Bergons (2070 m.) et du pic de Viscos (2141 m.).

SAINT-SAUVEUR

Au fond de la vallée, à 1 k. 1/2 de Luz, est Saint-Sauveur, village composé d'une soixantaine de maisons et d'une rue unique.

De nombreux baigneurs s'y rendent chaque année. Les duchesses d'Angoulême, de Berry, l'impératrice Eugénie y ont séjourné et ont contribué à la renommée de cette station.

L'établissement thermal et celui de Hountalade sont bien agencés. L'efficacité des eaux sulfurées sodiques de Saint-Sauveur est reconnue depuis longtemps.

Hôtels des Princes, des Bains, de Paris, de France.

Pont Napoléon. — En haut de Saint-Sauveur, a été édifié en 1860 le pont Napoléon, formé d'une arche de 47 m. d'ouverture, qui franchit le Gave à 65 m. de hauteur.

DE LUZ A GAVARNIE. — Dix-neuf kilomètres séparent Luz de Gavarnie, une route relie ces deux endroits. Après avoir contourné le pic de Viscos, on arrive au passage de l'Échelle où se dressent les ruines de l'ancien fort de l'Escalette.

A 5 k., on rencontre le hameau de Sia.

A 7 k., le pont des Arroucats fait passer la route de la rive gauche sur la rive droite du Gave.

A 12 k., au milieu d'un vallon se trouve

GÈDRE
(995 m. d'altitude.)

Village de 802 habitants.

Hôtel des voyageurs.

A partir de cet endroit, la végétation cesse.

On traverse le Chaos, immense vallée dénudée, parsemée d'énormes blocs provenant de l'éboulement d'un contrefort du Coumély, pic de 2260 m.

En quittant ces lieux de désolation, la route aboutit à

GAVARNIE

(317 habitants, dernier village français).

Ce pays appartenait autrefois aux chevaliers du Temple qui y édifièrent un hôpital. En 1307, lorsque Philippe le Bel détruisit l'ordre pour s'emparer de ses richesses, les Templiers furent arrêtés et brûlés à Auch. Treize chevaliers restés à Gavarnie furent massacrés. On montre encore leurs crânes symétriquement alignés sur une poutre de l'église.

Hôtel des Voyageurs.

CIRQUE DE GAVARNIE

Un sentier caillouteux, long de 5 k., conduit du village au cirque, immense demi-cercle de 3500 m. de tour et de 1600 à 1700 m. de hauteur.

Un peu avant d'y arriver, sur un tertre, se dresse l'hôtellerie, de laquelle on jouit d'une vue d'ensemble incomparable sur cet unique amphithéâtre couronné par les plus hauts sommets des Pyrénées, le Marboré, le Gabiétou, le pic Sarradets. Une couche de neige dont l'épaisseur varie entre vingt et vingt-cinq mètres recouvre les gradins, bien visibles d'en bas. A gauche, la grande cascade tombe d'un seul jet d'une hauteur de 422 m. : « lentement comme un nuage qui descend ou comme un voile de mousseline qu'on déploie (1). »

(1) Taine. — *Voyages aux Pyrénées.*

D'innombrables filets d'eau bondissent de rocher en rocher. Pour visiter le fond du cirque, il est bon d'être muni d'un piolet et accompagné d'un guide. On franchit le Gave sur un pont de neige durcie pour voir les eaux de la Cascade se perdre dans un gouffre.

Nous conseillons aux voyageurs séjournant à Gavarnie l'ascension du Piméné (2803 m.). Se rendre de même au cirque de Marboré (2331 m.).

HÉAS. — CIRQUE DES TROUMOUSE

(5 h. aller et retour de Gèdre).

Beaucoup de touristes, revenant de Gavarnie, ne remontent à Luz avant d'avoir visité le cirque de Troumouse en traversant Héas (chapelle desservie par les RR. PP. de l'Immaculée-Conception).

Hôtel de la Munia.

Le cirque de Troumouse, plus vaste que celui de Gavarnie, est moins imposant. Il mesure 15 k. de circonférence.

BARÈGES

(Altitude 1250 m., 37 k. de Lourdes, 24 k. d'Argelès.)

Les deux villages de Luz et Barèges, séparés seulement de 7 k., offrent le contraste le plus frappant. Autant Luz est gai, autant Barèges est triste. Cette station, dépendance de la commune de Betpouey (592 hab.), compte environ cent cinquante maisons, édifiées à gauche du Bastan, affluent du Gave de Pau. Barèges est entouré de monts abrupts et dominé par le pic d'Ayré (2118 m.), redoutable voisin qui a été cause de terribles avalanches

L'établissement thermal, tout en marbre, est admirablement aménagé. On compte douze sources (thermalité 32° à 45°).

Hospice Sainte-Eugénie.

Hôpital militaire, fondé en 1770.

Hôtel de France.

Ascensions du Bergons (2070 m.), du pic de Visens (2141 m.), du

PIC DU MIDI
(2877 m.).

L'ascension du pic du Midi est classique. Nul voyageur ne doit quitter les Pyrénées sans l'avoir faite. Il se trouve à 12 k. de Barèges, à 32 k. de Bagnères-de-Bigorre. La montée peut s'effectuer facilement à pied ou à cheval en quatre heures, cependant un guide est nécessaire. Pour jouir du lever du soleil, on doit partir de Barèges vers minuit ou coucher à l'hôtellerie, située au col de Sencours, à 2300 m., près du lac d'Oncet. De l'observatoire, le point de vue est indescriptible; on domine toute la chaîne des Pyrénées. La brèche de Roland, le Néouvieille, le mont Perdu, la Maladetta, le Canigou, le pic du Midi d'Ossau, le Vignemale, le Balaïtous et autres géants se distinguent dans leurs moindres détails pendant qu'au loin, vers le nord, on aperçoit, formant de minuscules points, Pau, Tarbes, Toulouse, Auch.

Observatoire. — Directeur M. Marchand. — Au sommet du pic s'élève l'observatoire dont le général Champion de Nansouty a été le premier directeur. Le touriste pourra se rendre compte des sommes énormes qu'a coûté son établissement en le visitant ; intérieur comme extérieur, tout est admirablement compris.

Le personnel se compose d'un directeur, un observateur, un observateur-adjoint et trois hommes.

DU PIC DU MIDI A BAGNÈRES-DE-BIGORRE. — La route de Barèges à Bagnères-de-Bigorre franchit le col du Tourmalet (2100 m. d'alt.), et après une descente des plus rapides aboutit à la jolie vallée où est Gripp, célèbre par ses cascades ; à 9 k. au delà, on rencontre Campan, à 7 k.

BAGNÈRES-DE-BIGORRE
(Altitude 550 m.).

La Reine des Pyrénées, chef-lieu d'arrondissement, sur l'Adour, 8638 habitants, 774 k. de Paris, station thermale des plus fréquentées et des plus célèbres de France. L'efficacité de ses sources était connue des Romains, de nombreuses inscriptions, des autels, témoignages de reconnaissance à la nymphe bienfaisante des eaux, ont été retrouvés. L'étranger peut y jouir de toutes les distractions. Casino magnifique, Théâtre, Thermes splendides, élégantes avenues, somptueuses villas, tout a été édifié pour lui.

On compte sept sources principales : Dauphin, la Reine, les Yeux, St-Barthélemy, St-Roch, le Foulon, le Platane.

Autres sources : Grand-Pré, Cazaux, Théas, Pinac, Lasserre, La Guthière, Versailles, Petit-Bain, Mora, Fontaine-Nouvelle, Petit-Barèges, Petit-Prieur, Lannes, etc.....

Patrie du baron Larrey, chirurgien en chef de la Grande Armée (1766-1842).

Les monuments remarquables et à visiter sont : l'église Saint-Vincent, le musée Jubinal, l'église des Carmes, la tour des Jacobins.

Bibliothèque 21.000 vol. Hospice, 76 lits.

Hôtels Beauséjour, du Bon-Pasteur, de France, Frascati, des Pyrénées et de la Gare, de Londres et d'Angleterre, de Paris, Saint-Vincent, Victoria, Vignes.

Foires, 9 novembre (2 jours), mercredi après la Pentecôte et 25 août. — Marché le samedi.

PROMENADES, EXCURSIONS, ASCENSIONS. — Allées dramatiques, camp de César, vallée de Lesponne, Campan, Labassère, Etablissement du Salut, couvent de l'Escaladieu, Capvern, lac Bleu (1968 m.), cascades de Gripp, Bédat (881 m., jolie promenade de 30 minutes), grottes du Bédat (2300 m. de long).

CHAPITRE X

PAU. — TARBES. — N.-D. DE BÉTHARRAM

Sommaire. — Pau. — Monuments.—Excursions. — Tarbes. — Monuments. — Lieux à visiter. — N.-D. de Bétharram. — Le sanctuaire. — Légende de la statue. — Le miracle du rameau. — Le Calvaire.

PAU

(180 m. d'altitude)

33.111 habitants, chef-lieu du département des Basses-Pyrénées, s'élève sur un plateau de 40 m. de hauteur. Cette ville jouit d'une température exceptionnellement douce, aussi de nombreux malades, de riches étrangers, viennent-ils y chercher soleil et chaleur pendant la mauvaise saison. En ces lieux privilégiés, la neige est inconnue, l'humidité rare ; souvent aux fraîches nuits de janvier et février succèdent des journées où le thermomètre marque de 20 à 30°.

La fondation de Pau remonte au xe siècle, époque où un vicomte de Béarn abandonna son antique demeure de Morlaas pour se fixer au château de Pal (Pau) qu'il avait fait édifier. Les habitations se groupèrent autour du castel et au xve siècle une ville prospère existait. Gaston XI, contemporain de Louis XI, continua les travaux de reconstruction commencés par son ancêtre Gaston-Phœbus et créa le parc que nous admirons aujourd'hui. Les successeurs de ce prince, François-Phœbus, Catherine de Foix, Henri d'Albret, Jeanne d'Albret, sœur de Henri IV, ne cessèrent d'y résider. Pau ne devint cité française qu'en 1621.

Ses enfants les plus illustres sont le roi Henri IV (1553-1610), le maréchal de Gassion (1609-1647), le maréchal Bernadotte (1763-1844), élu roi de Suède en 1818.

MONUMENTS. — A part le château, Pau n'a pas de monuments remarquables.

LE CHATEAU (visible t. l. j. excepté le lundi), superbe construction de forme triangulaire, est flanqué de sept tours : le donjon de Gaston-Phœbus (35 m.), la tour de Monte-Oiseau (22 m.), la tour Neuve, la tour de Billère (30 m.), les deux tours de Mazères (30 m.), la tour de la Monnaie.

A visiter :

Au rez-de-chaussée du Midi. — La *salle des gardes* (fauteuil aux armes de France et Navarre) ; — la *salle à manger des officiers*. — *La grande salle à manger ou salle des États* (long. 26 m., larg. 11 m., tapisseries, statue de Henri IV, par Francheville).

Grand escalier (larg. 2 m. 65), restauré en 1869.

Iᵉʳ étage du Midi. — *Antichambre* (tapisseries); le *Grand salon de réception de Henri II* (tapisseries, table de porphyre et agate offerte par Charles-Jean, roi de Suède; vases de Sèvres, pendule Louis XIV, statue de Henri IV, d'après Bosio); le *Salon de Famille* (table porphyre rose, don du roi Charles-Jean, clavecin de Marie-Antoinette); *Ancienne chambre des Rois de Navarre* (tapisseries des Flandres, coffre gothique de Jérusalem, miroir de Venise du xvııᵉ siècle, cheminée); *Cabinet des Souverains* (tapisseries, glace de Venise du xvııᵉ siècle); — le *Boudoir de la Reine* (tapisseries, glace de Venise); — *Chambre à coucher de la Reine* (tapisseries, armoire Renaissance, grande glace de Saint-Gobain).

IIᵉ étage. — *Chambre de Jeanne d'Albret* (tapisseries, lit (1562), bahuts); *Oratoire de la princesse* (tapisserie); *Chambre de Henri IV* (tapisseries, bahuts, berceau du roi formé d'une carapace de tortue, lit sculpté du xvᵉ siècle). Plusieurs autres chambres sont ouvertes au public, elles sont garnies de nombreuses tapisseries.

Chapelle, édifiée en 1843.

On verra avec intérêt :

La *statue de Henri IV*, œuvre de Raggi (1843), avec trois bas-reliefs d'Etex ; l'**Hôtel de Ville**, le *Théâtre* (1300 places) ; — le *Casino ;* — la *Bibliothèque municipale* (50.000 vol.) qui se trouvent *Place Royale*.

Le *Palais de Justice* ; — l'*Église Saint-Martin* (rue

Henri IV); — la *statue du maréchal Bosquet*, par Marcilly (Haute-Plante); — l'*Église Saint-Jacques* (place du Palais); — la *Préfecture* ; — l'*Église de Saint-Louis de Gonzague* ; — la *Chapelle des Ursulines* ; — le *Musée* (statue de Henri IV, par Bosio ; Relief des montagnes des Eaux-Bonnes par M. Bayssellance, assassinat de Henri III, par Merle ; portrait du maréchal Bosquet, par Eug. Devéria ; collection de marbres des Pyrénées, etc.....)

Promenades. — Pau offre à l'étranger de nombreuses promenades. La magnifique *place Royale*, de laquelle la vue s'étend sur la vallée du Gave et les Pyrénées ; — le *parc Beaumont* dont une partie est réservée au jeu de paume et au Vélodrome ; — le *parc du Château* (12 hect.).

A l'ouest, s'étend la plaine de Billère où sont installés le tir aux pigeons et le Golf-Club.

Un comité, subventionné par la ville, organise tous les ans des chasses au renard.

Les courses de chevaux ont lieu sur l'hippodrome de Pont-Long, à 4 k. de Pau.

Hôtels.

Grand hôtel Gassion, boulevard du Midi.

Grand hôtel de France, place Royale.

Grand hôtel de la Paix, place Royale.

Hôtel Beauséjour, rue du Lycée.

— du Commerce, rue de la Préfecture.

— de l'Europe, rue de la Préfecture.

Hôtel de la Gironde.
— Henri IV, place de la Halle.
— de Londres, place de la Halle.
— du Louvre.
— de Paris, place de la Halle.
— de la Pomme-d'Or.
— de la Poste, place Grammont.
Grand hôtel Guichard.
Hôtel Sarda, rue Porte-Neuve.

Restaurants. — Bernis, rue de la Préfecture ; — Humaru, place Royale ; — Gros, rue Latapie ; — du Théâtre, rue Notre-Dame ; — buffet de la Gare.

Cafés. — Grand-Café, place Royale ; — du Théâtre, place Henri IV ; — Gil, rue Bayard ; — de la Dorade, du Commerce, du Sport, rue de la Préfecture ; — Parisien, rue Notre-Dame.

Bains. — Etablissement hydrothérapique, 15, rue d'Orléans ; — bains Romains, rue Taylor, 10 ; — Henri IV, à la Basse-Plante ; — Noguez, rue des Bains.

Cirque, place des Écoles.

Poste et télégraphe, rue des Arts.

Omnibus, par place 0 fr. 30, par colis 0 fr. 25.

Voitures de place : voit. à 1 chev. et à 2 pl. la course, le jour, 1 fr., la nuit, 1 fr. 25 : voiture à 2 chev. et à 4 pl. la course, le jour, 1 fr. 25, la nuit. 1 fr. 50.

Pour les promenades en dehors de la ville, prix à débattre.

Voitures de remise. — Fitte, rue du Lycée ; — Gardères, place Royale ; — Bazillac, rue Serviez ; — Vinet, rue d'Etigny ; — Crabé, place Grammont ; — Arcabousset, rue Duplâa ; — Croharé, rue Gassies ; — Laborde, rue Gachet.

Cultes. — Temple de Saint-André, Temple presbytérien, avenue du Grand-Hôtel ; — Synagogue, passage d'Alsace ; — Eglise gréco-russe, rue Jean-Réveil.

PRINCIPALES EXCURSIONS. — Jurançon (2641 hab., célèbre vigne de Gaye), — Réservoir de Guindalos ; — Gélos (1537 hab. Château, parc transformé en haras) ; — Bosdarros (1062 hab.) ; — Tout-y-Croît (château) ; — Landes de Pont-Long (champ de Courses) ; — Châteaux de Bellevue et de Perpigna ; — Piétat (chapelle, pèlerinage) ; — Lescar (cathédrale) ; — Nay et Coarraze (château) ; — Bétharram (pèlerinage).

Laruns (2193 hab.) ; — Les Eaux-Bonnes et les Eaux-Chaudes (stations thermales renommmées).

TARBES

25,087 habitants, chef-lieu du département des Hautes-Pyrénées, sur la rive gauche de l'Adour, est une coquette et ancienne ville. Au XVIe siècle, les guerres de religion la ruinèrent ; le duc de Montgommery en chassa les catholiques, incendia leurs maisons, détruisit leurs églises et couvents. Bon nombre d'habitants, réduits à la plus profonde misère, franchirent les Pyrénées et se fixèrent en Espagne. Ces désastres passés, la prospérité ne tarda pas à revenir et dès le commencement du xviie siècle, elle reprit sa place de marché du Bigorre.

Les monuments sont peu nombreux. On verra :

Le *Jardin Massey*, donné à la ville par un ancien directeur du parc de Versailles.

Le *Musée et la tour Massey*, au centre du parc.

La Cathédrale (beau maître-autel), le Palais de Justice, la Préfecture, la Bibliothèque municipale (20.000 vol.), l'Arsenal, le clocher des Carmes, les Halles, les Casernes, le Théâtre, l'église Saint-Jean, la statue du chirurgien baron Larrey (1766-1842), le buste de Théophile Gautier.

Les belles promenades des Allées Nationales et du Prado, les places Maubourguet et du Marcadieu.

Champ de courses à Laloubère (2 k.).

Tarbes fait le commerce des chevaux légers.

Les foires, qui ont lieu deux fois par an, les 8 et 9 mai et les 10 et 11 novembre, attirent un nombre considérable de marchands étrangers.

Patrie de Barère de Vieuzac, conventionnel, membre du comité du salut public, « l'Anacréon de la guillotine » (1755-1841). — de Théophile Gautier (1811-1873) « le Benvenuto du style ».

Hôtel des Ambassadeurs, Darmau, propriétaire.

— du Commerce et de la Poste.

— de France.

— de la Gare.

Hôtel de la Paix.
— de Paris et de l'Europe.
— de Strasbourg.

EXCURSIONS. — Ibos (église remarquable) ; Laloubère (champ de courses, château) ; Odos (manoir) ; — Vic-en-Bigorre (3.643 hab.).

BÉTHARRAM

(15 k. de Lourdes, 24 k. de Pau).

Bétharram, simple bourgade dépendant de la commune de Lestelle (1558 habitants), se compose de l'église Notre-Dame, des bâtiments du collège dirigé par les Pères Bétharramites et de quelques maisons occupées par des marchands d'objets de piété et des cabaretiers.

Pour s'y rendre de Lourdes par chemin de fer, on descend à la station de Montaut (1255 habitants), éloignée d'un kilomètre. On franchit le Gave sur un pont datant de 1687, entièrement recouvert de lierre, et l'on arrive devant l'église (1630), dont avant d'entrer on remarquera le portail avec ses statues des Évangélistes et de la Vierge tenant l'enfant Jésus.

L'intérieur, tout doré, est orné de sculptures, de tableaux rappelant les miracles accomplis par Notre-Dame. Le maître-autel, les orgues données par Napoléon III sont dignes d'admiration. On peut voir à la sacristie le voile de première communion de Marie-Antoinette; — l'écharpe et la robe de mariée de la comtesse de Chambord; — la crosse de Mgr Darboy, archevêque de Paris (1813-1871), etc... Près du sanctuaire est un escalier qui descend à la source miraculeuse.

La coutume d'aller en pèlerinage à Bétharram remonte au xve siècle, époque à laquelle, selon la légende, des bergers trouvèrent sur la rive gauche du Gave, au milieu des rochers, une statue de la Sainte Vierge.

On la transporta solennellement dans une niche édifiée sur la rive droite, elle retourna d'elle-même à sa première demeure. On la plaça dans l'église paroissiale, l'image sainte revint encore à l'endroit qu'elle avait choisi entre tous. Les habitants, conformément à l'ordre du ciel, bâtirent une chapelle sur le lieu désigné par la Mère de Dieu. Les Protestants la brûlèrent en 1569. L'église actuelle fut reconstruite en 1630 par les soins de P. Geoffroy, qui, avec Hubert Charpentier, fonda la Congrégation des Bétharramites.

Bétharram (beau rameau) doit son nom au miracle suivant : une jeune fille de Lestelle, en cueillant des fleurs, tomba dans le Gave; elle allait périr, lorsqu'elle invoqua la Madone. Immédiatement une branche vint s'offrir à elle, elle s'y cramponna et fut sauvée. En témoignage de reconnaissance, elle offrit à la Reine du ciel un rameau d'or qui fut déposé sur l'autel.

LE CALVAIRE. — A droite de l'église, se trouve le Calvaire. Édifié au xve siècle, pillé par les Protestants, réédifié en 1705, il fut saccagé par les révolutionnaires de Nay en 1794.

Le Calvaire actuel avec ses élégantes chapelles date de 1873. Il a été exécuté sur les plans du R. P. Basilide Bourdenne, prêtre du Sacré-Cœur de Bétharram. On remarque particulièrement le Crucifiement, les trois croix placées à l'orient qui dominent la hauteur, la chapelle de la Résurrection, monumentale avec la statue de Notre-Seigneur s'élevant au ciel.

Par bref en date du 21 octobre 1870, Pie IX a accordé au Calvaire « toutes les indulgences plénières et partielles que l'on gagne en visitant les saints lieux de Jérusalem ».

TABLE DES MATIÈRES

LES APPARITIONS

RENSEIGNEMENTS GÉNÉRAUX

SOMMAIRE. — Deux Lourdes. — Réductions accordées par les compagnies. — Prix des billets d'aller et retour. — Validité des billets — Voitures. — Tarif général des voitures. — Tarif général des colis. — Voitures à la journée. — Voituriers. adresses. — Hôtels. — Chambres. — Poste et télégraphe. — Boîtes en ville. — Bureaux de tabac. — Cafés. — Bains chauds. — Médecins. — Pharmaciens. — Service religieux. — Offices. — Chapelet. — Confessions. — Bénédictions et Indulgences. — RR. PP. Missionnaires de Garaison. — Bureau des Constatations. — Messes. — Dons. — Commandes d'eau de la Grotte, tarif. — Objets trouvés. — Renseignements. — Abonnements aux publications de la Grotte. — Journal de Lourdes — Annales de Notre-Dame de Lourdes. — Hospice. — Panorama. — Diorama........ 7

CHAPITRE PREMIER

TOPOGRAPHIE

SOMMAIRE. — Climat. — Altitude. — Montagnes. — Roches. — Collines. — Cours d'eau. — Lac de Lourdes. — Vallées. — Forêts. — Routes. — Population. — Administration. — Enseignement. — Bibliothèques musicales. — Sociétés. — Industrie, commerce. — Sol. — Animaux. — Pêche. — Chasse. — Arbres fruitiers. — Marchés. — Foires............ 21

CHAPITRE II

NOTICE HISTORIQUE

SOMMAIRE. — Légendes. — Invasions. — Les Sarrasins, maîtres de la ville. — Mirat. — Légende du poisson. — Origines du mot Lourdes. — Lourdes aux Anglais. — Siège de Lourdes par le duc d'Anjou et du Guesclin. — Prise de la citadelle (26 mars 1408). — Guerres de religion. — Lourdes et ses environs incendiés. — Paix de 1593. — La citadelle, prison d'état... 25

CHAPITRE III

L'ANCIENNE VILLE

Ses monuments. — Ses gloires.

SOMMAIRE. — Lourdes avant 1858. — Le château. — L'église paroissiale, heures des messes. — L'église inachevée, tombeau de Mgr Peyramale. — Maison de Bernadette Soubirous. — Palais de justice. — Mairie. — Fontaines. — Urne monumentale. — Gloires de Lourdes. — Bernard d'Aure. — Guilhem — Garcie d'Aure. — Louis de La Fitte. — Jean-Paul de La Fitte. — Le général Dembarrère. — Le général Maransin. — L'intendant général Duprat.. 29

CHAPITRE IV

BERNADETTE SOUBIROUS ET LES APPARITIONS

SOMMAIRE. — La famille Soubirous. — Enfance de Bernadette. — Apparitions des 11, 14, 18, 19, 20, 21. 23, 24, 25, 27, 28 février, des 1, 2, 3, 4, 25 mars, du 7 avril, du 16 juillet 1858. 35

CHAPITRE V

L'AUTORITÉ CIVILE. — L'AUTORITÉ ECCLÉSIASTIQUE

SOMMAIRE. — Bernadette chez le commissaire. — Interdiction au clergé de se rendre à la Grotte. — Les premiers miracles. — Guérison de Louis Bourriette. — Bernadette examinée par les médecins. — Graves décisions de M. Massy. — L'arrêté du 8 juin 1858. — Analyse de M. Latour de Trie. — Mgr Laurence ordonne l'enquête. — Lettre de l'évêque au ministre. — Analyse du professeur Filhol. — Napoléon III fait rapporter l'arrêté. — Mandement de Mgr Laurence. — Fêtes de juillet 1876. — Bref de S. S. Pie IX...................... 43

CHAPITRE VI

LE NOUVEAU LOURDES

SOMMAIRE. — L'Esplanade. — Statue de Saint-Michel. — Croix des Bretons. — Statue couronnée. — Abri des pèlerins. — Imprimerie des RR. Pères. — La Grotte. — La Fontaine miraculeuse. — Les Piscines. — Les Lacets. — La Basilique. — Les Cloches. — Le Trésor. — La Crypte. — L'église du Rosaire. — Maison des RR. PP. de l'Immaculée Conception. — Le Palais épiscopal. — Les Spélugues, chapelle Sainte-Madeleine. — Le Calvaire. — Hospice de N.-D. des Douleurs. — Les couvents....................................... 63

CHAPITRE VII

LES PÈLERINAGES. — LES MIRACLES

SOMMAIRE. — Les pèlerinages. — Le Pèlerinage National. — Hospitalité de Notre-Dame de Salut. — Hospitalité de Notre-Dame de Lourdes. — Archiconfrérie de l'Immaculée-Conception. — Les miracles. — Guérisons de Louis Bourriette, Bouhohorts, Benoîte Cazeaux, Blaisette Soupenne, Henri Busquet,

Mmes veuve Lanou-Domengé, veuve Rizan, Mlle Marie Moreau de Sazenay, Joachine Dehaut, M. Henri Lasserre. — Quelques miracles accomplis en 1895 : guérisons de M. Félicien Kruck, de Mme Putt, de Mlle Marie Burel, de Mlle Marthe Soulard, de Mme Léonce, de M. Antoine Desbruères, de Mlle Louise Dansette.................................... 71

CHAPITRE VIII

LES GLOIRES DE LA NOUVELLE VILLE

SOMMAIRE. — Mgr Laurence, évêque de Tarbes. — Mgr Peyramale, curé de Lourdes. — Le Rév. Père Sempé. — Bernadette Soubirous..................................... 80

CHAPITRE IX

EXCURSIONS AUX ENVIRONS DE LOURDES

SOMMAIRE. — Moyens de locomotion : chemin de fer, prix des places de Lourdes à Pau, Tarbes, Pierrefitte-Nestalas, etc., voitures, bicyclette. — Itinéraire permettant de visiter rapidement la ville. — XII itinéraires de promenades aux environs. — Autres lieux à visiter. — Excursions à travers les Pyrénées. — Ordre adopté pour la description des principales stations thermales. — Argelès. — N.-D. de Poueylaün. — Lac d'Estaing. — Saint-Savin, l'ancienne abbaye, l'église. — Chapelle de Piétat. — Pierrefitte-Nestalas. — Cauterets. — De Pierrefitte à Luz. — Luz. — Saint-Sauveur, Pont Napoléon — De Luz à Gavarnie. — Gèdre. — Gavarnie. — Cirque de Gavarnie. — Héas. — Cirque de Troumouse. — Barèges. — Pic du Midi. — Du pic du Midi à Bagnères-de-Bigorre. — Bagnères-de-Bigorre............................... 85

CHAPITRE X

PAU. — TARBES. — N.-D. DE BÉTHARRAM

SOMMAIRE. — PAU. — Situation, climat, fondation, le château (description), monuments, promenades, hôtels, restaurants, cafés, bains, poste et télégraphe, omnibus, voitures de place, voitures de remise, cultes, principales excursions. — TARBES. — Monuments, promenades, foires, hôtels, excursions. — BÉTHARRAM.— Le sanctuaire, légende de la statue, miracle du rameau, le Calvaire, Indulgences accordées aux pèlerins par S. S. Pie IX................................... 104

Poitiers — Imp. Blais, Roy et Cie, 7, rue Victor-Hugo, 7.

Publicité du Guide de Lourdes
ET SES ENVIRONS
Exercice 1896-1897

MAISON CATHOLIQUE RECOMMANDÉE

FABRIQUE D'ORNEMENTS D'ÉGLISE
Bronzes, Orfèvrerie, Statues, Soieries

E. TÊTE
4, Quai de l'Hôpital, 4, LYON

BRONZES
Chandeliers, Candélabres, Lustres, Lampes, etc.

ORFÈVRERIE
Calices, Ciboires, Ostensoirs, Burettes, etc.

SOIERIES
Chasubles, Chapes, Etoles, Dais, Bannières, Bourses, Draps mortuaires, etc.

LINGERIE D'ÉGLISE
Aubes, Rochets, Amicts, Surplis, Devants d'Autels, Nappes, etc.

STATUES
Chemins de Croix, etc.

Envoi franco de l'Album général illustré sur demande.

BONAMY, ÉDITEUR, 15, RUE DES CORDELIERS, 15
POITIERS (Vienne)

PETIT MISSEL DE NOTRE-DAME DE LOURDES
Orné de 8 gravures en taille douce
JOLI CHOIX DE RELIURES

SCAPULAIRES DU MONT CARMEL
ET DE L'IMMACULÉE CONCEPTION
Dentelés et en laine tissée.

SCAPULAIRES DU SACRÉ-CŒUR

IMAGES DE NOTRE-DAME DE LOURDES
EN CHROMOLITHOGRAPHIE ET EN TAILLE DOUCE
Sur papier, satin et gélatine
NOMBREUX MODÈLES

Gélatines de toutes sortes et de tous prix

Les articles de la Maison Bonamy se trouvent dans tous les Magasins de Lourdes.

Dépôt, pour la vente en gros, à **POITIERS** (Vienne)

A LOURDES, rue du Bourriet,
Chalet Saint-Georges
(*AOUT ET SEPTEMBRE*)

LE MALT KNEIPP

DE LA COMPAGNIE FRANÇAISE

66, Boulevard Sébastopol, à PARIS

Est la Meilleure addition du Café

ET LE SEUL RECOMMANDÉ PAR

MONSEIGNEUR KNEIPP

EN VENTE DANS TOUTES LES ÉPICERIES

Dans les localités où elle n'est pas encore représentée, la compagnie envoie des colis postaux de 2 kil. 500, contre mandat de 3 francs.

Nombreuses Récompenses aux Expositions

Adresse Télégraphique : **MALCO-PARIS**

HOTEL BELGE
ET DE LA SAINTE-FAMILLE
TENU PAR

F. LEMMENS-BRUYÈRE
Boulevard de la Grotte, à deux minutes de
LA BASILIQUE
LOURDES
Grand Magasin d'Objets de piété. Librairie religieuse

Couvent de l'Immaculée Conception

Les Sœurs de l'Immaculée-Conception ont édifié une superbe maison à cinq minutes de la Grotte, près le palais épiscopal. Les Religieuses prennent en pension les dames qui désirent faire une retraite ou simplement éviter le bruit des hôtels. Du Couvent, situé au milieu d'un grand jardin, la vue s'étend d'un côté sur la ville et la Basilique, de l'autre sur la vallée.

ENGLISH SPOKEN

Se habla español

Les Annales de Notre-Dame de Lourdes

PUBLIÉES PAR

Les RR. PP. missionnaires de l'Immaculée Conception

Paraissent tous les mois sous forme de brochure

Cette intéressante publication relate les faits importants qui se déroulent à Lourdes.

PRIX DE L'ABONNEMENT PAR AN :
France, 3 francs. — Etranger, 3 fr. 50

REVUE CATHOLIQUE DES REVUES
FRANÇAISES & ÉTRANGÈRES

Bi-Mensuel : *Paraît le 5 et le 20 de chaque mois.*

Chaque semestre forme un volume de 1.056 p., avec tables alphabétiques et analytiques spéciales. — Les abonnements partent des 5 et 20 de chaque mois.

ABONNEMENTS : France : UN AN, **14 00**; SIX MOIS, **8 00**
Etranger (U.P.) : UN AN **17 00**; SIX MOIS, **9 50**

Chaque numéro se vend séparément **0 75**.

N. B. Pour tout ce qui concerne la rédaction, s'adresser à **M. Ph. MAZOYER**, 10, rue Cassette; pour tout ce qui concerne l'Administration, s'adresser à **M. l'Administrateur** de la *Revue Catholique des Revues* (**Librairie P. Lethielleux**), 10, rue Cassette, PARIS.

LE JOURNAL DE LOURDES
Chronique hebdomadaire de la Grotte

Paraissant régulièrement le Dimanche

PRIX D'ABONNEMENT, PAR AN

POUR :

La France .... 7 francs
Les pays étrangers .... 8 —

Les Abonnements partent du 1er et du 15 de chaque mois

Se vend au profit de l'Œuvre.

Les personnes qui recevront les ANNALES et le JOURNAL DE LOURDES, auront droit à une réduction d'un franc. Pour profiter de cet avantage, elles auront soin de joindre une bande d'adresse à leur demande d'abonnement.

AVIS

Pour les *messes, ex-voto, recommandations, renseignements, offrandes, abonnements aux* ANNALES *et au* JOURNAL DE LOURDES, *demandes d'eau de la Grotte*, s'adresser :

Au R. P. Supérieur des Missionnaires de l'Immaculée-Conception, à Lourdes (Hautes-Pyrénées).

Prière d'inscrire les **RECOMMANDATIONS** sur une feuille spéciale.

GRAND HOTEL
DE LA CHAPELLE

SOUBIROUS, Propriétaire

Le plus vaste — Le mieux aménagé

SPLENDIDE VUE SUR L'ESPLANADE

OMNIBUS A TOUS LES TRAINS

MAGNIFIQUE MAGASIN D'OBJETS DE PIÉTÉ

LIBRAIRIE RELIGIEUSE

ATELIERS SAINT-MARTIN
P. FAYAU
A Vienne-lez-Blois
(Loir-et-Cher).

FABRIQUE DE STATUES RELIGIEUSES
En plâtre, carton romain, terre cuite, marbre, etc.
Crèches et groupes, Chemins de Croix
AUTELS, VIERGE DE LOURDES

CHEMIN DE FER DU NORD

PARIS A LONDRES

Viâ Calais ou Boulogne

Trajet en 7 heures. — Traversée en 1 heure.

Quatre services rapides quotidiens dans chaque sens

PENDANT TOUTE L'ANNÉE

Tous les trains comportent des 2mes classes.
En outre, les trains de malle de nuit partant de Paris pour Londres à 9 h. du soir et de Londres pour Paris à 8 h. 15 du soir prennent les voyageurs munis de *billets de 3º classe*.

Départs de Paris-Nord pour Londres
Viâ Calais-Douvres : 9 h., 11 h. 50 du matin, 9 h. du soir.
Viâ Boulogne-Folkestone : 10 h. 30 du matin.

Départs de Londres pour Paris-Nord.
Viâ Douvres-Calais : 9 h., 11 h. du matin et 8 h. 15 du soir.
Viâ Folkestone-Boulogne : 10 h. du matin.

Services officiels de la Poste.

Les services postaux pour l'Angleterre sont assurés viâ Calais par trois trains express ou rapides partant de Paris à 9 h., 11 h. 50 matin et 9 h. soir.

Les lettres remises à la boîte à la gare du Nord avant 11 h. 35 du matin partent à 11 h. 50 et sont distribuées le *soir même* à Londres.

Par le train poste de 9 h. du soir, les lettres remises avant 8 h. 50 à la gare du Nord arrivent à Londres le lendemain matin à 5 h. 45, et sont comprises dans la première distribution ; celles pour l'au delà de Londres sont acheminées sur leur destination par les premiers trains de la matinée.

La gare de *Paris-Nord*, située au centre des affaires, est le point de départ de tous les grands Express Européens pour l'Angleterre, l'Allemagne, la Russie, la Belgique, la Hollande, l'Espagne, le Portugal, etc., etc.

CHEMIN DE FER DU NORD

SERVICES DIRECTS ENTRE PARIS ET BRUXELLES

Trajet en 5 heures

Départs de Paris à 8 h. 20 du matin, midi 40, 3 h. 50, 6 h. 20 et 11 h. 5 du soir.

Départs de Bruxelles à 7 h. 48 et 8 h. 57 du matin, 1 h. 1 et 6 h. 4 du soir et minuit 15.

Wagon-Salon et wagon-restaurant aux trains partant de Paris à 6 h. 20 du soir et de Bruxelles à 7 h. 48 du matin.

Wagon-salon-restaurant aux trains partant de Paris à 8 h. 20 du matin et de Bruxelles à 6 h. 4 du soir.

Services directs entre Paris et la Hollande

Trajet en 10 heures

Départ de Paris à 8 h. 20 du matin, midi 40 et 11 h. 5 du soir.

Départs d'Amsterdam à 7 h. 20 du matin, midi 50 et 6 h. 15 du soir.

Départs d'Utrecht à 7 h. 58 du matin, 1 h. 8 et 6 h. 54 du soir.

Services directs entre Paris, l'Allemagne et la Russie.

Cinq express sur Cologne, trajet en 8 h.

Départs de Paris, à 8 h. 20 du matin, midi 40, 6 h. 20, 9 h. 25 et 11 h. du soir.

Départs de Cologne à 9 h. 3 du matin, 1 h. 43 et 11 h. 18 du soir.

Quatre express sur Berlin, trajet en 19 h.

Départs de Paris, à 8 h. 20 du matin, midi 40, 9 h. 25 et 11 h. 5 du soir.

Départs de Berlin à 1 h. 5, 10 h. 7 et 11 h. 55 du soir.

Quatre express sur Francfort-sur-Mein, trajet en 12 h.

Départs de Paris, à midi 40, 6 h. 20, 9 h. 25 et 11 h. 5 du soir.

Départs de Francfort à 8 h. 25 du matin, 5 h. 50 et 11 h. 5 soir et 1 h. 3 du matin.

Deux express sur St-Pétersbourg, trajet en 54 h.

Départs de Paris à 8 h. 20 matin et 9 h. 25 ou 11 h. 5 soir. Départs de St-Pétersbourg à midi et 8 h. soir.

Deux express sur Moscou, trajet en 67 h.

Départs de Paris à 8 h. 20 matin et 9 h. 25 ou 11 h. 5 soir. — Départs de Moscou à 1 h. 40 et 10 h. soir.

Services entre Paris, le Danemarck, la Suède et la Norvège

Deux express sur Christiania, trajet en 55 h.

Départs de Paris à midi 40 et 9 h. 25 ou 11 h. 5 soir — Départs de Christiania, à 9 h. matin et 11 h. 15 soir.

Deux express sur Copenhague, trajet en 30 h.

Départs de Paris à midi 40 et 9 h. 25 soir — Départs de Copenhague à 9 h. 40 matin et 8 h. 10 soir.

Deux express sur Stockholm, trajet en 56 h.

Départs de Paris à midi 40 et 9 h. 25 ou 11 h. 5 soir. Départs de Stockholm à 7 h. 30 matin et 8 h. soir.

Environs de Lourdes

Légende du plan de la ville de Lourdes

a. Église paroissiale.
b. Nouvelle église (inachevée).
    Tombeau de Mgr Peyramale.
c. Maison de Bernadette.
f. Lacets.
g. Hospice N.D. des Douleurs.
h. Clarisses.

Légende
du plan de la ville de Lourdes

a. Église paroissiale.
b. Nouvelle église (inachevée) Tombeau de Mgr Peyramale.
c. Maison de Bernadette.
d. Palais de Justice.
e. Fontaine.
f. Lacets.
g. Hospice N. D. des Douleurs.
h. Clarisses.
i. Carmélites.
j. Assomptionnistes.
k. Imprimerie des R. R. P. P.

Contraste insuffisant

NF Z 43-120-14

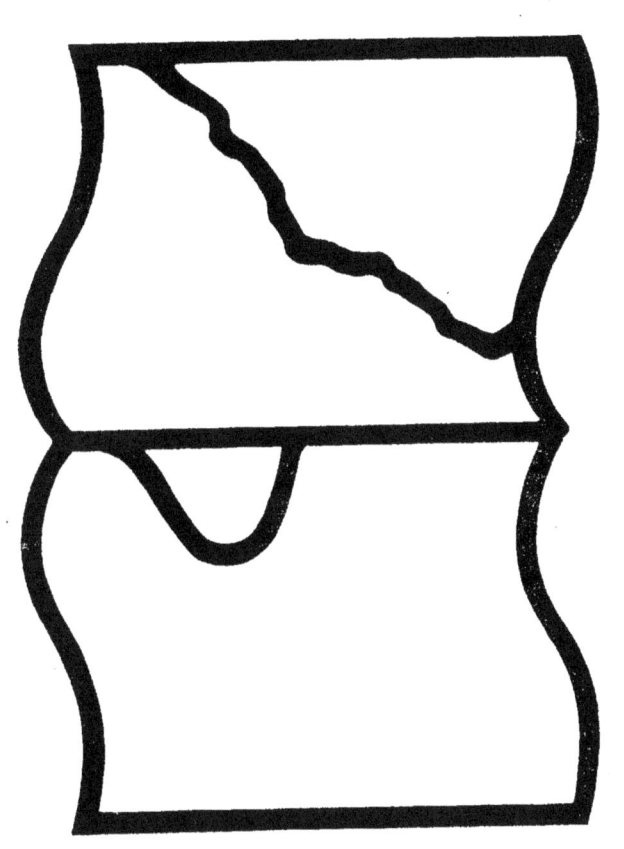

Texte détérioré — reliure défectueuse

NF Z 43-120-11

www.ingramcontent.com/pod-product-compliance
Lightning Source LLC
Chambersburg PA
CBHW060153100426
42744CB00007B/1014